The Wild Country of Mexico

La tierra salvaje de México

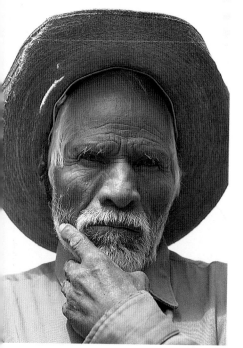

The Wild Country of Mexico

La tierra salvaje de México

photography and text by John Annerino

fotografía y texto por John Annerino

TRADUCCIÓN POR SILVIO SIRIAS

SIERRA CLUB BOOKS · SAN FRANCISCO

Photographs/*Fotografías* © Copyright 1994 John Annerino
Text/*Texto* © Copyright 1994 John Annerino

Photograph on page 91 by John Annerino used courtesy of Gamma-Liaison.
Photographs on pages 106 and 107 by John Annerino used courtesy of Melvin L. Scott.
Seri spirit songs provided courtesy of R. James Hills.

Fotografía en la página 91 por John Annerino por cortesía de Gamma-Liaison.
Fotografías en las páginas 106–7 por John Annerino por cortesía de Melvin L. Scott.
Las canciones espirituales de los seris proporcionadas por cortesía de R. James Hills.

LIBRARY OF CONGRESS CATALOGING-IN-PUBLICATION DATA
Annerino, John.
  The wild country of Mexico : La Tierra Salvaje de México / John Annerino.
     p.   cm.
  Includes index.
  ISBN 0-87156-536-6
  1. Indians of Mexico—Social life and customs.   2. Biotic communities—Mexico.   3. Mexico—Description and travel.   I. Title.
  F1219.3.S6A56   1994
  972'.00497—dc20   94-6199
                                                                   CIP

Editor/*Redactor*: James Cohee. Translator/*Traductor*: Silvio Sirias. Production/*Producción*: Janet Vail.
Design/*Diseño*: Paula Schlosser. Map/*Mapa*: Hilda Chen. Composition/*Composición*: Wilsted & Taylor.

Printed and bound in Hong Kong by South Sea International Press.
Impreso y encuadernado en Hong Kong de South Sea International Press.

10   9   8   7   6   5   4   3   2   1

For Santiago, who first showed me the trail
into old Mexico over a decade ago;
for my love, Alejandrina, who bravely journeyed with me
to the far ends of my ensuing quest there;
and to my friend in the Bajío, Julio Reza-Díaz,
who made sure we got back.

Para Santiago, quien fue el primero en mostrarme el camino
del México viejo hace más de una década;
para mi amor, Alejandrina, quien viajó valientemente conmigo
a los lejanos extremos de mi búsqueda allá;
y para mi amigo en el Bajío, Julio Reza-Díaz,
quien aseguró nuestro regreso.

Contents
Contenido

Acknowledgements
Agradecimientos

*I*N/EN CHIAPAS: José Gerardo Santiago (*Kayum MaA.X*), *h'ilol* Salvador Lunes Collazo, the Enrique Chanquín family; Kimbor, Rebeca, Margarita, and Elvia San Javier; Antonio Jiménez Aguilar, Lino González Hernández, Gabriel Lara Llergo, Stefan Stoll, and Renate Warmuth.

In/en Quintana Roo: Pedro Serón Reyes; Buddy Quattlebaumb, Isaías Villanueva, and Stuart Bold; Elena, Emiliano, and Benedicto Cen Uc and María and Roberto Non Cen; Benito Prezas Hernández, Julio Zurita, Roberto Herrera, and Olga Patricia Castañeda of/de Centro de Investigaciones de Quintana Roo; Cristina Ortíz Polanco and Gonzalo Castilla Hernández.

In/en Veracruz: Crispín Domínguez, Gonzalo Hernández, and Juan Manuel Tapia.

In/en México: Guadalupe Velásquez and Nieves Flores, Luis Soriano Escobar— *Tlaxquiche, Animal of the Snows*—and Lucinda Bush Garrett.

In/en Guanajuato: Patricia Moreno de Reza, Gerardo Pérez Rodríguez, Araceli Villanueva Hernández, Julio Arturo Reza, Jr., Foto Imagen, Candelario Chávez, Natalia Sierra Páramo, Luis Manuel Delgado Sierra, and María del Carmen Delgado Sierra.

In/en Nuevo León: Jesús Contreras Hernández, Isaías Sánchez Posar, Jhonatan Hernández, and Alfredo Gómez Martínez.

In/en San Luis Potosí: Dolores López, Juan López, Nazaria Palomo de López, and María Reyes.

In/en Durango: Isidro Soto Torres.

In/en Coahuila: José and Ofelia Falcón, Jacqueline Falcón de Jiménez, and Miguel Ureste Luna.

In/en Chihuahua: Rosario Quintero Estrada, Margarita Quintero de González, Alfonso Saenz Hernández, Ulrike Wülf, Nicolás Moreno Villalobos, the Ángel Fierro Gill family, Nicolás Quezada, and Juan Quezada.

In/en Sonora: Ernesto Molino, Jim Hills, Bill Broyles, Neil Carmony, Dave Brown, Louise Teal, and the Juan García González family.

In/en Baja California Sur and Norte: Tim Means, Kent Madin, and Jason Lohman.

In/en Alta California: Jim Cohee, Sam Peterson, and Barbara Harms at Sierra Club Books and Julie Powell.

In/en New York: Susan Carolonza and Jennifer Coley at Gamma-Liaison.

In/en North Carolina: Dr. Silvio Sirias and Wendy Sirias, the Department of Foreign Languages and Literatures at Appalachian State University, Rick and Carter McGarry, and Gene and Odenia Wilson.

In/en Texas: Melvin L. Scott and Dr. Chris May.

In/en Arizona: Ida B. Annerino, pilots Ret. Major Bruce Lohman, Sandy Lanham, and the late Dave Roberson; Michael Thomas, Tony Mangine, Doug Kasian, Esther Mayer, Joe McCraw, Diana Chacón, and Andrea Alvarez; the research librarians at the University of Arizona's Main, Special Collections, and Center for Creative Photography libraries; Dick Vonier and James Forsmo at *Phoenix Magazine;* Stephanie Robertson and Paul Schatt at *The Arizona Republic;* photojournalist Christine Keith; master camera repairman Jay Campbell; journalist Alan Weisman; attorneys Gloria Goldman, Donald Bayles, Jr., Norma Lebario, and Henry Anthony Ebarb; Tía Mary García, Gloria Barbea, Sarah Contreras, Capt. Larry Seligman, and private detective Joe Berumie.

¡Gracias!

Introduction
Introducción

THERE IS A WALL THAT goes up when most Americans think of Mexico, and it begins right there on the line—about where immigration officials have begun constructing a Berlin-style blockade in hopes of stemming the relentless tide of human feet surging north. It is a wall that in the mind's eye—from both sides—says danger awaits beyond, and it lurks in many real and imagined forms. But just as there is another United States that exists beyond the satellite echoes of superstation Telemundo's riveting news reports of desperation and violence in America, there is another Mexico that exists beyond the wall, beyond the nerve-rattling reports of savage human rights abuses and drug assassinations. It is a Mexico that shatters the stereotype of the sombreroed *campesino* stumbling down a dusty path tugging the reins of a stubborn burro. It is the Mexico you won't see on a Friday night border run to Juárez, Tijuana, or Nogales. And it's certainly not the Mexico you'll see during spring break in Mazatlán, or during a winter soirée at the tourist meccas of Cancún, Acapulco and Cabo—what one writer perceptively described as America's Third World theme parks.

It is the real Mexico, but it wears many masks and carries many illusions. For some, it is an Aztec heart beating in a bloody fist high atop a long-abandoned ruin. For others, it's the living custom of the *serenata*, whereby the jilted lover tries to win back his *prometida*, "promised one," with a mariachi serenade. And for still others, it is the magnificent colonial architecture of the silver capitals

HAY UN MURO QUE se erige cuando la mayoría de los norteamericanos piensa acerca de México, y comienza allí mismo en la frontera—cerca de donde los oficiales de inmigración han comenzado a construir una muralla al modo de Berlín con el propósito de impedir la oleada implacable de pies humanos que están avanzando hacia el norte. Es un muro que en la mente humana—desde ambos lados—dice que el peligro espera más allá, y acecha en muchas formas reales e imaginarias. Pero así como hay otro Estados Unidos que existe fuera del alcance de los captivantes reportajes noticieros de desesperación y violencia en Norteamérica, transmitidos a través de las ondas de satélites de la superestación Telemundo, también hay otro México que existe más allá del muro, más allá de los reportajes horripilantes acerca de los feroces abusos de los derechos humanos y de los asesinatos llevados a cabo por narcotraficantes. Es un México que rompe los estereotipos del campesino de sombrero tropezándose por un camino polvoriento y tirando de las riendas de un burro testarudo. Es el México que usted no verá un viernes por la noche cuando visite las ciudades fronterizas de Juárez, Tijuana o Nogales. Y desde luego no es el México que usted observará durante las vacaciones de primavera de los estudiantes universitarios norteamericanos en Mazatlán, o durante unas vacaciones invernales en los centros turísticos de Cancún, Acapulco y Cabo San Lucas—los que un escritor ha descrito acertadamente como los Parques de Recreo Estadounidenses del Tercer Mundo.

of Alamos and Guanajuato and the colorful *mercados* that festoon cobblestone streets and church plazas throughout the country. But for me—at least this time—it is Mexico's wild country and the indigenous people who still inhabit it.

Mexico is a land of mystifying contradictions. I went looking for its highest mountains and penetrated its densest jungles; I went searching for its deepest canyons and crossed its driest deserts. But at nearly every turn, I was excited to meet the Native people who still inhabit much of this wild ground: from the Lacandón who dwell in Mexico's dwindling rain forest near the Guatemalan border to the Seri in the northern frontier who live in one of the cruelest deserts ever inhabited by man; and from the Maya who hunt the dry jungles of the Yucatán to the Tarahumara who dance out their visions in the barrancas of the Sierra Madre Occidental.

But to understand Mexico, its people, its rich cultural traditions still practiced by many, you have to understand the country's incomparable geography. However, that has never been easy, as the first Spaniard was said to have reported upon returning to sixteenth-century Spain: "There is your New Spain," said the emissary, trying to flatten out a crumpled-up piece of parchment. And indeed, Mexico is still a geographical marvel: One-fourth the size of the United States, this magnificent land boasts the loftiest volcanoes in North America, the largest desert, the only jungles, the highest cascade, the most storied mountains, the whitest beaches, and some of the deepest chasms. This is the Mexico I returned to photograph, and this is the Mexico I came back to share.

In the southernmost state of Chiapas, the Montañas del Norte descend from the cool, forested heights of 9,547-foot Cerro Tzontehuitz to

Es el México verdadero, pero se pone muchas máscaras y trae en sí muchas ilusiones. Para algunos es el de un corazón azteca latiendo en un puño sangriento en lo alto de una ruina ya hace mucho tiempo abandonada. Para otros, es la costumbre viviente de la serenata, a través de la cual un novio menospreciado intenta reconquistar a su prometida por medio de la música romántica de un mariachi. Y aún para otros, es la magnífica arquitectura colonial de las capitales plateadas de Los Alamos y Guanajuato y los pintorescos mercados que lucen calles empedradas con guijarros y las plazas que se encuentran por todo el país enfrente de las iglesias. Pero para mí—por lo menos esta vez—es la tierra salvaje de México y los indígenas quienes todavía la habitan.

México es un país de desconcertantes contradicciones. Fui en búsqueda de sus montañas más altas y penetré sus bosques más densos, fui buscando sus cañones más profundos y atravesé sus desiertos más áridos. Pero a casi cada paso me llené de emoción al encontrarme con la gente nativa quien aún habita buena parte de esta tierra salvaje: desde los lacandones quienes todavía moran en los menguantes bosques tropicales de México cerca de la frontera con Guatemala hasta los seris en la frontera septentrional, quienes todavía viven en uno de los desiertos más crueles habitados por el hombre; y desde los mayas quienes todavía cazan en las junglas secas de Yucatán hasta los tarahumaras quienes aún bailan las representaciones de sus visiones en las barrancas de la Sierra Madre Occidental.

Pero para comprender a México, su gente, sus ricas tradiciones culturales todavía practicadas por muchos, uno tiene que comprender la geografía incomparable del país. Sin embargo, eso nunca ha sido fácil, como se cree que reportó el primer español al regresar a la España del siglo diecisiete: "Ahí tiene

the tropical jungle of the Lacandón near sea level. Between these two extremes, nearly 360,000 Tzotzil and Tzeltal Indians still cling to their pre-Hispanic traditions in the misty highlands, while their Mayan-speaking cousins, some 1,100 Lacandones by their own estimate, occupy the steamy Selva Lacandona along the Río Usumacinta.

Eight hours' tortuous drive northeast of the Selva Lacandona is the Yucatán Peninsula. Called the "Horn of Mexico" by some, it is still home to over a quarter million Yucatec Maya. Archaeologists once claimed that the Yucatec Maya disappeared not long after they abandoned the great ruins that rise out of the verdant jungles and emerald-blue waters rimming the Caribbean coast of Quintana Roo. "We're still here," say the local Maya whenever foreigners ask where they went.

North of the Isthmus of Tehuantepec's swampy lowlands, the heartland of Mexico is an altogether different matter; belted by the Sierra Volcánica Transversal, it is reportedly the third-highest plateau in the world occupied by man. Created by the eruptions of Mexico's loftiest volcanoes—18,700-foot Citlaltépetl, 17,887-foot Popocatépetl, and 17,342-foot Iztaccíhuatl—it links the Pacific Ocean near Puerto Vallarta with the Atlantic Ocean at the Bahía de Campeche. The country's two greatest mountain chains, the Sierra Madre Oriental and the Sierra Madre Occidental, collide with the Sierra Volcánica, which forms the geographical boundary between North America and Central America.

Home to the Nahua, Otomí, Huastec, and Pame Indians, the Sierra Madre Oriental runs roughly eight hundred miles northwest to the

usted su Nueva España", dijo el emisario a la vez que intentaba extender un estrujado pedazo de pergamino. Y por cierto, México es aún un prodigio geográfico: una cuarta parte del tamaño de los Estados Unidos, esta magnífica tierra ostenta los volcanes más elevados de Norteamérica, el desierto más grande, las únicas junglas, la catarata más alta, las montañas más historiadas, las playas más bonitas y algunos de los abismos más profundos. Este es el México al cual regresé a fotografiar, y este es el México del cual retorno para compartir.

En el estado más sureño de Chiapas, las Montañas del Norte descienden de las frescas y emboscadas alturas del Cerro Tzontehuitz, de 2,910 metros, a las selvas tropicales de los lacandones cerca del nivel del mar. Entre estos dos extremos, casi 360,000 indios tzotziles y tzeltales todavía siguen fieles a sus tradiciones prehispánicas en las tierras altas envueltas en niebla, mientras que sus primos maya-parlantes, unos 1,100 lacandones por sus propios cálculos, ocupan la vaporosa Selva Lacandona situada a lo largo del Río Usumacinta.

A ocho horas de tortuoso viaje por automóvil en dirección noreste de la Selva Lacandona está la península de Yucatán. Denominado el "Cuerno de México" por algunos, aún es el terruño de más de un cuarto de millón de mayas yucatecos. Los arqueólogos una vez habían dicho que los mayas yucatecos habían desaparecido al poco tiempo después de haber abandonado las grandes ruinas que se alzan de las selvas verdes y de las aguas de color azul-esmeralda que bordean la costa caribeña de Quintana Roo. "Todavía estamos aquí", dicen los mayas locales todas las veces que los extranjeros les preguntan que para dónde se han ido.

frontier, where it joins the Rocky Mountains in the Big Bend region of Texas and Coahuila. Arguably Mexico's most spectacular range, the Sierra Madre Oriental reaches a height of 13,303 feet atop Cerro Peña Nevada before falling away into the Chihuahuan Desert a mile and a half below. Occupying an estimated 175,000 square miles in Mexico and the United States, this great blast of desert was traversed by seventeenth-century Spanish explorers who came to know it as a *despoblado,* "uninhabited land," for its fierce desolation.

Rimming the Chihuahuan Desert on the west, the legendary Sierra Madre Occidental runs up the Pacific side of the republic and physiographically links some 50,000 Tarahumara living in the Mother Mountains with the Pima Bajo, Mayo, Guarijío, Tepehuán, Cora, and Huichol Indians scattered throughout the rugged 750-mile-long sierra. A country drained by the great currents of the Río Usumacinta, the Río Coatzacoalcos, and the Río Bravo del Norte, and sluiced with mesmerizing jungle cataracts like Misol-Ja and deep turquoise cenotes like Cape Ich, it is also home to North America's highest waterfall, Cascada Basaseachic.

Off its stupendous west flanks, the Sierra Madre Occidental is cleaved by the Barranca de Piaxtla and Barranca de Urique, the country's deepest canyons, among many tortured labyrinths. These give way to the subtropical thorn forests of Sinaloa and Sonora before spewing their detritus into the inferno of the Desierto Purgatorio, "Purgatory of the Desert." It is here that a resolute band of Seri Indians eke out a hardscrabble existence between the harsh desert and the Vermilion Sea, more commonly known as the Sea of Cortés. The Seri first crossed it by paddling flimsy balsa rafts from the Baja Peninsula via the Midriff Islands of

Al norte del istmo de las tierras bajas y pantanosas de Tehuantepec, el centro de México es una cuestión enteramente diferente; está cercada por la Sierra Volcánica Transversal y se reporta que es la tercera meseta más alta del mundo ocupada por el hombre. Formada por las erupciones de los volcanes más altos de México — Citlaltépetl de 5,700 metros, Popocatépetl de 5,452 metros e Iztaccíhuatl de 5,286 metros — la sierra une el Océano Pacífico cerca de Puerto Vallarta con el Océano Atlántico en la Bahía de Campeche. Las dos cordilleras más grandes del país, la Sierra Madre Oriental y la Sierra Madre Occidental, chocan con la Sierra Volcánica, lo que forma el lindero geográfico entre América del Norte y América Central.

El terruño de los nahuas, los otomís, los huastecos y los pames, la Sierra Madre Oriental se extiende aproximadamente 1,300 kilómetros al noroeste hacia la frontera antes de unirse a las Montañas Rocosas en la región de Big Bend de Tejas y Coahuila. Posiblemente la cordillera más espectacular de México, la Sierra Madre Oriental alcanza alturas de 4,055 metros en la cumbre del Cerro Peña Nevada antes de descender hacia el desierto de Chihuahua dos kilómetros y medio hacia abajo. Ocupando un estimado 282,000 kilómetros cuadrados en México y los Estados Unidos, este gran horno del desierto fue atravesado por exploradores españoles del siglo diecisiete quienes llegaron a conocerlo como un "despoblado" por su desolación feroz.

Bordeando el Desierto Chihuahuense al oeste, la legendaria Sierra Madre Occidental se extiende por el costado Pacífico de la república y fisiográficamente enlaza aproximadamente 50,000 tarahumaras quienes aún viven en las Montañas Madres con los indios pimas bajos, los mayos, los guarijíos, los tepehuanes, los coras y los huicholes dispersos a través de la escabrosa sierra de 1,200 kilómetros de

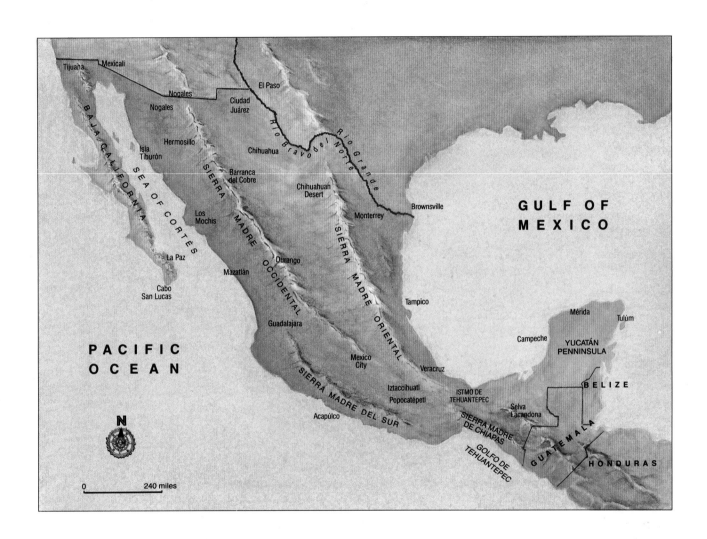

San Lorenzo, San Esteban, and Tiburón. Teetering near the brink of extinction for as long as any living ethnographer dare remember, the Seri epitomize ethnic survival in North America's harshest frontier.

La frontera, or "the frontier," is that line where two worlds collide and struggle to work out their day-to-day differences in the haze of new dreams swept in by the winds of the North American Free Trade Agreement. It is the best of both worlds, and

longitud. Una tierra desaguada por las corrientes formidables del Río Usumacinta, el Río Coatzacoalcos y el Río Bravo del Norte, y regada por las encantadoras cataratas de las selvas como Misol Ja y los profundos cenotes color turquesa como Cape Ich, también es la morada del salto de agua más alto de Norteamérica, la Cascada Basaseachic.

Al pie de sus estupendas faldas al costado oeste, la Sierra Madre Occidental está partida por la Barranca de Piaxtla y la Barranca de Urique, los ca-

the worst. The 1,952-mile-long U.S.-Mexico border begins where the Rio Grande/Río Bravo del Norte divides Brownsville, Texas from Matamoros, Tamaulipas; from these twin port cities on the Gulf of Mexico, the line snakes its way westward, border monument by border monument, between Texas and Tamaulipas, Nuevo León, Coahuila and Chihuahua; New Mexico and Chihuahua; Arizona and Chihuahua and Sonora; and California and Baja California Norte.

If there is antigringo sentiment still lingering in Mexico—and there is—it is rooted in the barbed-wire fence strung along the continent. But it is a political reality that bioregions fail to acknowledge. The Sierra del Carmen of Coahuila, for example, links Mexico's Sierra Madre Oriental with the Rocky Mountains of the United States. After a 650-mile march north from Zacatecas, the Chihuahuan Desert also fails to heed the border warnings before drifting into New Mexico about where Pancho Villa first raided the town of Columbus in 1917. Likewise, the Continental Divide plunges south into the Sierra Madre Occidental, the birthplace of Arizona's notorious "summer monsoons." Surging north from Sonora and the Baja Peninsula, the Sonoran Desert created El Gran Desierto, the largest sand sea in North America, before swallowing up much of western Arizona and southeastern California. Still farther west of the great dunes, in what some view as the heart of the Sonoran Desert, the Grand Canyon empties into the Sea of Cortés via the lower Colorado River. And, no matter how much politicians now protest its Hispanic heritage and constituency, *Alta*, or "Upper," California is still linked to *Baja*, or "Lower," California via the raw granite spine of the Sierra San Pedro Mártir shadowing Mexicali and the San Jacinto Mountains looming over Palm Springs.

ñones más profundos del país entre los muchos tortuosos laberintos mexicanos. Y ellos ceden a los subtropicales bosques de espinos de Sinaloa y Sonora, antes de echar fuera su detrito en el abrasador Desierto Purgatorio. Es en este sitio donde un grupo resuelto de indios seris todavía gana a duras penas una difícil existencia entre el desierto severo y el Mar Bermejo, conocido más comúnmente como el Mar de Cortés. Los seris lo cruzaron primero remando unas balsas endebles de la península de Baja California y saltando por las islas Midriff de San Lorenzo, San Esteban y Tiburón. Existiendo al borde de la extinción por cuanto tiempo que cualquier etnógrafo viviente ose recordar, los seris compendian la sobrevivencia étnica en la frontera más severa de Norteamérica.

La frontera es esa línea donde dos mundos chocan y luchan para resolver sus diferencias cotidianas en la neblina de sueños nuevos traídos por los vientos del Tratado de Libre Comercio Norteamericano. Es lo mejor de ambos mundos, y lo peor. La frontera entre los Estados Unidos y México, de 3,141 kilómetros de longitud, comienza donde el Río Grande, o Río Bravo del Norte, separa a Brownsville, Tejas, de Matamoros, Tamaulipas; de estos puertos contiguos en el Golfo de México, la línea serpentea hacia el oeste, de monumento fronterizo a monumento fronterizo, entre Tejas y Tamaulipas, Nuevo León, Coahuila y Chihuahua; Nuevo México y Chihuahua; Arizona y Chihuahua y Sonora; y California y Baja California Norte.

Si sentimientos antigringos todavía persisten en México—y los hay—están arraigados en esta línea de alambre de espino trazada a través del continente. Pero es una realidad política que las regiones biológicas no reconocen. La Sierra del Carmen, para citar un caso, enlaza la Sierra Madre Oriental de México con las Montañas Rocosas de los Estados Uni-

These are the great landforms that breached the wall, the rich currents of ancestral and modern life which followed them north, the wild country and Native people of Mexico you'll see if you follow them south.

dos. Después de una marcha de 1,046 kilómetros hacia el norte desde Zacatecas, el Desierto Chihuahuense no presta atención a las prevenciones de la frontera antes de fluir dentro de Nuevo México cerca de donde Pancho Villa primero incursionó en el pueblo fronterizo de Columbus en 1917. Así mismo, la Divisoria Continental se precipita hacia el sur para convertirse en la Sierra Madre Occidental, el lugar de origen de los célebres ''monzones veraniegos'' de Arizona. Avanzando hacia el norte desde Sonora y la península de Baja California, el Desierto Sonorense creó El Gran Desierto, el mar arenoso más extenso de Norteamérica, antes de tragarse buena parte de Arizona occidental y del sureste de California. Aún más al oeste de las grandes dunas, lo que algunos ven como el corazón del Desierto Sonorense, el Gran Cañón se vierte en el Mar de Cortés vía de la parte baja del Río Colorado. Y, no importa cuánto los políticos ahora protesten su herencia y circunscripción electoral hispana, Alta California todavía está enlazada a Baja California por medio del espinazo de granito áspero de la Sierra San Pedro Mártir, oscureciendo Mexicali y las Montañas de San Jacinto que están brotando por encima de Palm Springs.

Estas son las grandes características geográficas que quebrantaron la pared, las copiosas corrientes de existencias ancestrales y modernas que los siguió hacia el norte, la tierra salvaje y los indígenas de México que usted observará si los sigue hacia el sur.

Chiapas– The Navel of the Earth

Chiapas– El ombligo de la Tierra

CHIAPAS. IT IS THE END of the line, and the last place to hide. It has been ever since Pedro de Alvarado marched through the *selva* and sierra en route to lay siege on Guatemala in 1524. Cut off from North America until construction of the Pan-American Highway four centuries later, the indigenous people of Mexico had no better place to take refuge from the disastrous incursions of Western civilization than in this remote bastion of southern Mexico. Of the great Mayan empires that once flourished here, nearly a half million Indians survived the onslaught of Spanish conquistadors and colonizers by melting into Chiapas' secret cloud and rain forests. A verdant dreamscape of jungle lowlands sluiced by rivers of turquoise and forested highlands shimmering with opal blue lagoons, ancestral Chiapas was a treasury of magnificent temples. Where better for the native Chiapaneco to hide than in what the Tzotzils call the *smixik' balamil*, "navel of the earth."

CHIAPAS. *ES EL FINAL de la línea, y el último sitio para esconderse. Ha sido así desde que Pedro de Alvarado marchó a través de la selva y de la sierra en ruta a ponerle sitio a Guatemala en 1524. Aislado de Norteamérica hasta la construcción de la Carretera Panamericana cuatro siglos después, la gente indígena de México no tenía ningún lugar mejor para refugiarse de las incursiones desastrosas de la civilización occidental que en este baluarte remoto de México meridional. De los grandes imperios mayas que una vez prosperaron aquí, casi medio millón de indios sobrevivieron la embestida furiosa de los conquistadores y colonizadores españoles, fundiéndose entre los secretos bosques nublados y tropicales de Chiapas. Una lozana visión de ensueño, de tierras bajas selváticas regadas por ríos de color azul-verdoso y de tierras altas embosquecidas y relucientes con lagunas de un azul-tornasolado, la Chiapas ancestral era un tesoro de magníficos templos. No existía ningún sitio mejor para que los miembros de*

1

Pinched off on its northwest flanks by the windy Isthmus of Tehuantepec, the Sierra Madre de Chiapas peaks in nearby Guatemala atop 13,428-foot Volcán de Tacaná, where it forms the headwaters of the Río Usumacinta. This southernmost extension of the great Sierra Madre Occidental also forms the cloud-hugging massif that divides the dry Sonconusco Plain of the Pacific coast to the south from the fertile valley of the Río Grijalva, or Central Depression, to the north. The Montañas del Norte, or Los Altos, rise a mile above the Central Depression and tumble away toward the muddy banks of the Río Usumacinta on the fringe of the Selva Lacandona.

Among the ten distinct Mayan-speaking tribes still living here, perhaps none have clung more resolutely to their pre-Hispanic traditions than the Tzotzils, or "the people of the bat." They've lived on the pine- and cliff-terraced crest of the Sierra Madre de Chiapas since A.D. 1200 (when they split from the Tzeltals), and they've fiercely guarded their traditions ever since. Reports of foreigners being killed by Tzotzils for climbing sacred peaks and photographing religious sites and practices persist to this day.

In the evergreen and subdeciduous forests to the east live the neighboring Tzeltals. They migrated from the highlands of Guatemala, by way of the Río Usumacinta, circa 750 B.C. Like the Tzotzils, their religious ceremonies combine both Catholic and aboriginal beliefs—perhaps none more so than the "cult of the talking saint." But these matters, respectfully, are best left to them.

The Lacandón, or *hach winik*, are the "true people." They are the children of the rain forest and have been since 1400 B.C., when they separated from the Yucatec Maya and settled in the lush selva between the Río Usumacinta and the slopes

la tribu Chiapa se escondieran que en lo que los tzotziles llaman "el ombligo de la tierra".

Estrujada en las faldas del noroeste por el ventoso istmo de Tehuantepec, la Sierra Madre de Chiapas alcanza su cumbre en la cercana Guatemala con el volcán de Tacaná, de 4,093 metros, donde se originan las cabeceras del Río Usumacinta; esta extensión del extremo meridional de la gran Sierra Madre Occidental también forma el macizo nublado que divide la seca pradera de Sonconusco de la costa del Pacífico al sur del valle fértil del Río Grijalva, o la Depresión Central, al norte. Las Montañas del Norte, o Los Altos, se elevan a más de un kilómetro y medio de altura, y se desploman hacia las riberas fangosas del Río Usumacinta al margen de la Selva Lacandona.

Entre las diez distintas tribus maya-parlantes que todavía viven aquí, quizás ninguna se ha adherido más resueltamente a sus tradiciones prehispánicas que los tzotziles, o "la gente del murciélago". Ellos han vivido en la cima terraplanada de pinos y precipicios de la Sierra Madre de Chiapas desde el año 1200 d.C. (cuando ellos se separaron de los tzeltales), y ellos han guardado ferozmente sus tradiciones desde entonces. Relatos de extranjeros siendo muertos por los tzotziles por escalar las cumbres sagradas y por fotografiar los sitios y las prácticas religiosas persisten aún en nuestros días.

En los bosques de árboles de hojas perennes y subperennes hacia el este, viven los tzeltales. Ellos emigraron de las tierras altas de Guatemala, por medio del Río Usumacinta, alrededor del año 750 a.C. Al igual que los tzotziles, sus ceremonias religiosas combinan las creencias católicas y aborígenes— quizás ninguno más que el "culto del santo hablante". Pero estos asuntos, por respeto, está mejor dejarlos en manos de ellos.

of the Tzeltals. Until recently, this vanishing tribe lived in a virgin rain forest teeming with alligators, tapirs, jaguars, and scarlet macaws, and they made sacred pilgrimages through it to reach the revered stone of Yaxchilán on the Río Usumacinta. But by 1940, their death knell had been sounded.

Chicleros, once numbering only a handful, cut chicozapote for chicle gum, and like the Spaniards elsewhere throughout New Spain, they brought disease and death. On their heels came another disastrous wave, one of immigrant ladino and mestizo farmers. Numbering an estimated 150,000, they hacked out slash-and-burn milpas with simple machetes in hopes of gaining their own toehold in the rain forest. They did; as did the loggers two decades later, when they switched from floating mahogany and tropical cedar down the jungle's resplendent rivers to carving roads into the heart of the selva. Most destructive of all, however, were the cattle ranchers who used these new logging roads to level large swaths of the selva in order to raise fast-food beef.

The final blow came during the 1980s, when an estimated 40,000 to 70,000 Guatemalan refugees fled war-torn Central America and began settling in the disappearing Selva Lacandona. Today, less than half of the estimated 5,026 square miles of the virgin rain forest remain, and with continued oil exploration, there is reportedly no recovery in sight. Swiss photojournalist Gertrude Blom warned of this impending doom a half century earlier, when she undertook a lifelong crusade to save the Lacandón: "The jungle is burning, the great trees are being destroyed, and the land is enveloped in a sinister darkness."

Los lacandones, o hach winik, son la "gente verdadera". Ellos son los hijos y las hijas de los bosques tropicales y lo han sido desde el año 1400 a.C.; esto es cuando ellos se separaron de los mayas yucatecos y se establecieron en la selva lozana entre el Río Usumacinta y las laderas de los tzeltales. Hasta recientemente, esta tribu, que está actualmente desapareciendo, existió en un bosque tropical y virgen, en el cual abundaban los caimanes, los tapires, los jaguares y las araraunas escarlatas, y ellos embarcaron en peregrinaciones sagradas a través de él para alcanzar la venerada piedra de Yaxchilán en el Río Usumacinta. Pero ya para 1940, su toque de muerte había sonado.

Los chicleros, en una época consistiendo de solamente de un puñado de hombres, cortaron el chicozapote para obtener chicle, y al igual que los españoles en el resto de la Nueva España, trajeron enfermedades y muerte. Tras ellos llegó otra oleada desastrosa, ésta de agricultores ladinos y mestizos. Numerando 150,000 según algunos cálculos, ellos establecieron milpas que dependían del sistema de corte y quema, empleando simples machetes con la esperanza de lograr un asidero propio en el bosque tropical. Ellos lo consiguieron; como también lo consiguieron los madereros dos décadas más tarde, cuando ellos cambiaron del método de hacer flotar la caoba y el cedro tropical río abajo en las aguas resplandecientes de la selva por la apertura de caminos que penetraban hasta el corazón de la selva. Los más destructivos de todos, sin embargo, fueron los ganaderos quienes emplearon estos nuevos caminos de explotación forestal para nivelar grandes secciones de la selva para la producción masiva de carne de res.

Travel her path into the depths of the Selva Lacandona today, and you will see time is running out for the hach winik. The smoldering rain forest now smothers the copal incense traditionally burned by the Lacandón in reverence to Hachäkyum, their great god. The screams of the howler monkey are falling silent. The plume-tailed quetzal has fled to Mexico's last refuge of El Triunfo. And where only the jaguar once stalked the jungle on dark tropical nights, the mysterious rebel leader subcomandante Marcos and black-hooded Tzotzil and Tzeltal guerrillas of the Zapatista Army of National Liberation have taken up arms. Their reported purpose is to protect the Lacandón from further abuses, because they claim the North American Free Trade Agreement "is a death certificate for the Indian peoples of Mexico."

Pero la devastación no terminó aquí. El golpe de gracia llegó durante la década de 1980, cuando un número estimado de entre 40,000 a 70,000 refugiados guatemaltecos huyeron de los estragos de la guerra en su país y comenzaron a establecerse en la Selva Lacandona que ya estaba al borde de desaparecer. Hoy, menos de la mitad de los estimados 8,088 kilómetros cuadrados de los bosques tropicales silvestres permanecen y, con la continuada exploración petrolera, se reporta que no se prevee ninguna recuperación. La fotoperiodista suiza Gertrude Blom nos previno de esta inminente perdición, hace ya medio siglo, cuando ella emprendió una cruzada que duró toda su vida para salvar a los lacandones: "La selva está incendiada, los grandes árboles están siendo destruidos, y la tierra está envuelta en una oscuridad siniestra".

Recorra el camino dentro de las profundidades de la Selva Lacandona hoy, y usted verá que el tiempo se acaba para los hach winik. El bosque tropical que ahora arde lentamente, ahoga el incienso de copal que tradicionalmente quemaban los lacandones en veneración a Hachäkyum, su gran dios. Los gritos del mono chillón se están silenciando. El quetzal con su magnífica cola ha huído al último refugio de México de El Triunfo. Y donde solamente el jaguar acechaba la selva durante oscuras noches tropicales, el misterioso jefe revolucionario, subcomandante Marcos, y enmascarados guerrilleros tzotziles y tzeltales del Ejército Zapatista de Liberación Nacional se han armado supuestamente para proteger a los Lacandones de más abusos, porque ellos afirman que el Tratado de Libre Comercio Norteamericano "es el certificado de muerte para los indígenas de México".

A young Lacandón girl holds a keel-billed toucan necklace, sometimes proffered to eco-tourists who endure the bone-jarring guided tours into the Selva Lacandona.

Una niña lacandona sostiene un collar hecho del pico de un tucán; algunas veces se ofrecen estos objetos a los turistas cuyo interés en la ecología les ayuda tolerar las crujientes excursiones con guías dentro de la selva lacandona.

Eighty-two-year-old Antonio Jiménez Aguilar is one of an estimated
220,000 Tzeltal Indians living in the Sierra Madre de Chiapas and the
Selva Lacandona.

*Antonio Jiménez Aguilar de 82 años de edad es uno de los estimados
220,000 indios tzeltales viviendo en la Sierra Madre de Chiapas y en la
Selva Lacandona.*

Two German visitors explore the cool white plumes of Cascada Misol-Ja.

*Dos visitantes alemanes exploran las frescas aguas blancas de la
Cascada Misol-Ja.*

In the Panteón de San Sebastián, multiple crosses mark the graves of
Tzotzil families buried in the same plot.

*En el panteón de San Sebastián, numerosas cruces marcan las sepulturas de
familias tzotziles enterradas juntas en una misma parcela.*

Tzotzil *h'ilol*, or "medicine man," Salvador Lunes Collazo told me in
Spanish: "If they have a physical problem, or one of the spirit, tell the
people they are welcome to visit me in the mountains of Chiapas."
He is seen here performing a *curación del alma*, "curing of the soul,"
in San Juan Chamula.

Un tzotzil h'ilol, *o curandero, Salvador Lunes Collazo, me dijo: "Si ellos
(el público) tienen un problema físico, o uno del espíritu, diles que están
invitados a visitarme en las montañas de Chiapas". Se le observa aquí
llevando a cabo una curación del alma en San Juan Chamula.*

Sunset over the Sierra Madre de Chiapas, still home to the Mayan-speaking Tzotzil, Tzeltal, and Chol Indians.

La puesta del sol tras la Sierra Madre de Chiapas, aún el terruño de los tzotziles, los tzeltales y los choles—indígenas maya-parlantes.

When American John L. Stephens visited Palenque in 1839, he wrote that his Indian guides cried out, " '*El Palacio*' (the palace), and through openings in the trees we saw the front of a large building . . . extraordinary and mournfully beautiful." Stephens was describing this four-story palace that some archaeologists believe was used by Mayans for celestial observations.

Cuando el norteamericano John L. Stephens visitó Palenque en 1839, él escribió que sus guías indígenas exclamaron, " 'El Palacio', y a través de las aperturas entre los árboles vimos la fachada de un edificio grande . . . extraordinario y melancólicamente bello". Stephens estaba describiendo este palacio de cuatro pisos que algunos arqueólogos creen que fue usado por los mayas para sus observaciones celestiales.

After Swiss photojournalist Gertrude Blom first visited the Selva
Lacandona with her husband, Frans, in 1943, she wrote: "This jungle
filled me with a sense of wonder that has never left me. It cast a spell over
me, and I always return to it." As did this Lacandón boy one afternoon to
visit a rare undisturbed tract of the rain forest.

*Después de que la fotoperiodista suiza Gertrude Blom visitó por primera vez
la Selva Lacandona con su esposo Frans en 1943, ella escribió: "Esta selva
me llenó de una sensación de asombro que nunca me ha abandonado.
Me hechizó, y siempre regreso a ella". Al igual que regresó este joven
lacandón una tarde a visitar esta cosa poco común como lo es una
región pristina del bosque tropical.*

Child of the rain forest. The innocence of the *hach winik,* ''true people,''
is reflected in the eyes of this Lacandón girl who walked out of the selva
one morning and stood next to my small gas stove.

Niña del bosque tropical. La inocencia de los hach winik, *''la gente
verdadera'', está reflejada en los ojos de esta joven lacandona quien salió
de la selva una mañana y se paró junto a mi pequeña cocina de gas.*

Cascada Misol-Ja is the hundred-foot plunge the Río Misolha takes
through the jungle of the Cordón Sumidero.

*La cascada Misol-Ja es una caída de más de treinta metros que ejecuta el
Río Misōlha en la selva del sumidero de Cordón.*

A Tzotzil girl wears the traditional clothes of her people. The heavy wool
skirt is to ward off the chill of living high in the Sierra Madre de Chiapas,
while the *huipil,* or blouse, is embroidered with the dreams of her
ancestors.

*Una joven tzotzil viste las ropas tradicionales de su pueblo. La gruesa falda
de lana sirve como protección contra el frío que da el vivir en las alturas de
la Sierra Madre de Chiapas; mientras tanto el huipil está adornado con los
sueños de sus antepasados.*

Driven out of their isolated rain forest dwellings by chicleros, loggers, immigrants, campesinos, refugees, and ranchers, the Lacandón are now forced to live in three electricity-powered communities. But Lacandones like Enrique Chanquín have vowed to teach their sons the traditional ways, including making fires with a bow drill and wearing the long cotton tunic called a *shikur.* Before I left, Enrique told me in Spanish, "Tell the people we don't want the forest, the jungle, or ruins destroyed anymore, because this is our life."

Ahuyentados de sus aisladas viviendas en los bosques tropicales por los chicleros, los madereros, los inmigrantes, los campesinos, los refugiados políticos y los ganaderos, los lacandones están obligados ahora a vivir en tres comunidades provistas de energía eléctrica. Pero los lacandones como Enrique Chanquín han jurado enseñarles a sus hijos las costumbres tradicionales, incluyendo cómo comenzar fuegos con un arco taladrador y la importancia de vestir la larga túnica de algodón llamado un shikur. *Antes de partir, Enrique me dijo, "Dile al público que no queremos que el bosque, la selva o las ruinas sean destruidas porque esto es nuestras vidas".*

OVERLEAF: In the Selva Lacandona, the Río Usumacinta forms the natural border between Chiapas and Guatemala. At one time, the Lacandón made sacred pilgrimages along it to reach the revered stone of Yaxchilán.

A LA VUELTA: En la Selva Lacandona, el Río Usumacinta forma la frontera natural entre Chiapas y Guatemala. En una época, los lacandones iban en peregrinaciones sagradas a lo largo del río para llegar a la venerada piedra de Yaxchilán.

Quintana Roo –
What is Born Under the Sky

Quintana Roo –
Lo que nace bajo el cielo

THRUSTING NORTH OUT OF the misty jungles and cloud forests of Central America, the Yucatán Peninsula is engulfed on all other sides by the warm waters of the Tropic of Cancer: The oil-rich Bahía de Campeche pelts it on the west, while the opulent waters of the Caribbean Sea caress it on the east. Only the turbulent seas of the Canal de Yucatán separate the "Horn of Mexico" from the forbidden isles of Cuba. Within these mesmerizing borders lay an ancestral Yucatán where alligators once gorged on majestic colonies of pink flamingos; where *kuil-kaxob,* the Maya's "deity of the forest," guarded tropical jungles fed by underground rivers; where coastal temples stood watch over shimmering white beaches and crystal blue seas. This was the paradise the Yucatec Maya knew from 1600 B.C. until they overpopulated the fragile rain forest, killed each other off in ritual wars, or simply ran out of water. No one knows for sure.

*A*VANZANDO HACIA EL NORTE *fuera de las brumosas selvas y los nublados bosques de Centroamérica, la península de Yucatán está rodeada en todos sus lados por las aguas cálidas del Trópico de Cáncer: La bahía petrolera de Campeche la rocía por el oeste, a la vez que las aguas opulentas del mar Caribe la acaricia por el este. Solamente las aguas turbulentas del Canal de Yucatán separa el "Cuerno de México" de las islas prohibidas de Cuba. Dentro de estas hipnotizantes fronteras se encuentra un Yucatán ancestral donde los caimanes en una época se hartaban de las colonias majestuosas de flamencos rosados; donde* kuil-kaxob, *la deidad maya de los bosques, custodiaba las selvas tropicales alimentadas por ríos subterráneos; donde los templos costeros celaban sobre las relucientes playas blancas y los mares azules y cristalinos. Este fue el paraíso que el maya yucateco conocía desde 1600 a.C. hasta que ellos superpoblaron el frágil bosque tropical, o se*

A vast tropical plateau that ranged from rich tidewater estuaries to luxuriant rain forests, the Yucatán vaunted no peaks other than those of the great jungle cities of Uxmal, Chichén Itzá, and Cobá. Because it was devoid of any real mountains, the Yucatán claimed no terrestrial rivers. Those that existed were subterranean, and they connected deep wells the Maya called *t'zónots,* or "cenotes." It was around these cenotes that Mayan cities thrived, and perhaps none was more mystifying than Chichén Itzá's *cenote sagrado,* "sacred well"; here, diving archaeologists surfaced with ancient human skeletons believed to have been offered to the *chac,* one of five rain gods. In the end, it may have been water, or the Maya's unslakable thirst for it, that proved to be their final undoing.

After centuries of vicious enslavement by Spaniards in henequen plantations, the Yucatec Maya finally had their nemesis on the run in the Caste War of 1847. But just as the fierce fighters were about to cripple the beleaguered European forces cornered in Mérida and Campeche, the Maya unexpectedly turned back. Historians say the Maya read the skies—they were teeming with winged ants, a vision that heralded rain. It was time to plant the sacred milpa; their life was inextricably linked to corn. War could wait, but homage to Ix Kanleox, the ancient goddess of maize, could not. However, as the Maya were toiling in their humid jungle milpas, the Spaniards regrouped, defeated them during a brutal binge of terror and murder, and once again enslaved the survivors. Fortunately, many Maya escaped and found refuge in the lush, desolate jungles of Quintana Roo. With the help of arms procured from gunrunners operating out of British Honduras (Belize), an estimated 30,000 to 40,000 Yucatec Maya stubbornly clung to their traditions until the re-

dieron muerte en guerras sagradas, o sencillamente se les agotó el agua. Nadie sabe a ciencia cierta.

Una vasta altiplanicie tropical que se extiende de los ricos estuarios de las aguas de la marea a los lozanos bosques tropicales, Yucatán no hace alarde de ningunas otras cumbres fuera de aquellas de las grandes ciudades selváticas de Uxmal, Chichén Itzá y Cobá. Porque estaba desprovisto de montañas verdaderas, Yucatán no reclamaba ningunos ríos terrestres. Aquellos que existían eran subterráneos, y ellos conectaban pozos profundos que los mayas llamaban t'zónot, o "cenote". Fue en los alrededores de estos cenotes que las ciudades mayas prosperaron, y quizás ningún cenote fue más desconcertante que el cenote sagrado de Chichén Itzá; aquí, arqueólogos buceadores emergieron con antiguos esqueletos humanos que se cree que habían sido ofrecidos al chac, uno de los cinco dioses de la lluvia. Al final, puede haber sido el agua, o la sed vehemente que los mayas sentían por él, lo que resultó en su ruina.

Después de siglos de cruel esclavitud por los españoles en las plantaciones de henequén, los mayas yucatecos por fin pusieron a sus adversarios en fuga durante la Guerra de las Castas de 1847. Pero justo en el momento en que los fieros guerreros estaban a punto de derrotar a las asediadas tropas europeas acorraladas en Mérida y en Campeche, los mayas inesperadamente se retiraron. Los historiadores dicen que los mayas interpretaron las señales de los cielos—ellos estaban cundidos de hormigas voladoras, una visión que anunciaba lluvia. Era la estación de la siembra de la milpa sagrada; sus vidas estaban entrelazadas de un modo inextricable con el maíz. La guerra podía esperar, pero rendirle homenaje a Ix Kanleox, la antigua diosa del maíz, no podía esperar. Sin embargo, cuando los mayas estaban trabajando en sus húmedas milpas sel-

mote territory finally became a state in 1974.

Once composed solely of rain and thorn forests, the Maya's ancestral domain in Quintana Roo also included the Caribbean coast. Here, they made sacred pilgrimages to the ancient ruins of Tulúm to burn copal incense in deference to their deities dwelling there. Unfortunately for those Maya today, Tulúm, as well as the revered seaside sanctuary of X-Cacal, sits on the southern end of the "Turquoise Coast," and therein lies their newest dilemma. From Tulúm to Cancún, the Yucatec Maya have been invaded by a modern cult who've come to worship upon their sandy altar the god the Maya knew as Yum-kin, "Lord Sun."

But it didn't start out that way. In 1971, the Bank of Mexico peered into the crystal ball of its computer network in hopes of selecting a world-class resort that would rival Acapulco. The print-outs pointed to a remote barrier island shielding Laguna de Nichupté on Quintana Roo's northeast coast. Their soothsaying did not steer them wrong; not far from where the military expedition of Fernando Hernández was lured ashore and ambushed by Mayan archers in 1517, tourists disembarked four and a half centuries later.

Word got out. Cancún was a spectacle that had, as writer Ron Hall described, "a fourteen-mile-long shoal of dazzling white sand . . . a pristine mix of shiny-smooth limestone, powdery white alabaster, and the pearly debris of shell and coral." Besides the whitest beaches in the world, Cancún's fetal-warm waters glimmered like liquid gemstones, perpetually mirrored by cerulean skies. Best of all, plane tickets were package-tour cheap. Millions couldn't find a good enough reason not

váticas, los españoles se reorganizaron, y los derrotaron durante una brutal juerga de terror y muerte, y una vez más esclavizaron a los sobrevivientes. Afortunadamente, muchos mayas escaparon y encontraron refugio en las lozanas y deshabitadas selvas de Quintana Roo. Con la ayuda de armas obtenidas a través de contrabandistas que operaban fuera de la Honduras Británica (Belice), un estimado 30,000 a 40,000 mayas yucatecos tenazmente se aferraron a sus tradiciones hasta que el territorio remoto finalmente llegó a ser un estado en 1974.

En otro tiempo consistiendo solamente de bosques tropicales y bosques de espinos, las propiedades ancestrales de los mayas en Quintana Roo además incluía la costa caribeña. Aquí, el maya yucateco hizo romerías sagradas a las ruinas antiguas de Tulúm para quemar incienso de copal por respeto a las deidades que habitaban allí. Desafortunadamente para el maya actual, tanto Tulúm como el venerado santuario costero llamado X-Cacal se encuentran en el extremo meridional de la "Costa Turquesa", y ahí reside su dilema más reciente. Desde Tulúm hasta Cancún, el maya yucateco ha sido invadido por un culto moderno que ha llegado a adorar sobre su altar arenoso el dios que los mayas conocían como Yum-kim, el "Señor Sol".

Pero no comenzó de esa manera. En 1971, el Banco de México miró dentro de la bola de cristal de su red de computadoras con la esperanza de escoger un lugar de veraneo de primera clase que rivalizaría con Acapulco. Los resultados señalaron hacia una remota isla que protege la Laguna de Nichupté en la costa noreste de Quintana Roo. Su vaticinio no los encaminó mal; no lejos de donde la expedición militar de Fernando Hernández fue persuadida a de-

to vacation in Cancún. But the dynasty of high-rise resorts had only one direction to march—south. If all goes as planned, they will spread as far south as the sacred sites of Tulúm and X-Cacal.

Because of that very boom, few Yucatec Maya are seen living seaside today, fishing with traditional nets and lances. Many have fled to Mérida, what was once thought of as the "Paris of the Western World," to take their desperate turn as modern city dwellers. Others have been lured to glamorous Cancún to work as waiters, and occasional tongue-tied Romeos for love-starved *gringas,* in order to support families stripped of their living in the selva. Still others have retreated even deeper into the jungle itself—the margins that haven't already been turned into cattle ranches, henequen, or banana plantations. Here is the last refuge for the traditional Yucatec Maya and the supernatural beings and lifeways they followed after the Spanish *ordenanza* of 1552 forbade aboriginal practices, religious rites, and communal celebrations. But their dwindling rain forest cannot survive much longer.

In the somber afternoon light of the selva, men emerge from the shadows. A rolling bank of storm clouds heralds rain and perhaps appeasement for the *nucuch-chacob,* "powerful gods." But rusty single-barrel shotguns lashed to battered bicycles and burlap sacks stuffed with small dead animals tell another story. These skilled Yucatec Maya hunters have been stalking the jungle for *sian ka'an,* "everything that was born under the sky," before it closes forever on one of Mexico's greatest peoples.

sembarcar en 1517 y emboscada por arqueros mayas, turistas desembarcaron cuatro siglos y medio después.

La noticia se extendió. Cancún era un espectáculo, el escritor Ron Hall escribió, que tenía "un banco de veinticuatro kilómetros de deslumbrante arena blanca . . . una mezcla pristina de piedra caliza brillante y tersa, alabastro polvoriento y blanco, y los escombros perlinos de conchas y coral". Al lado de las más blancas playas en el mundo, las aguas templadas de Cancún brillaban como preciosas piedras líquidas, perpetuamente reflejadas en los cielos celestes. Lo mejor de todo, los boletos de pasaje por avión eran tan baratos como en las promociones de las agencias de viaje. Millones no podían encontrar una razón suficientemente buena para no pasar las vacaciones en Cancún. Pero la dinastía de elegantes lugares de veraneo tenían solamente una dirección en la cual marchar—hacia el sur. Si todo resulta como proyectado, se extenderán tan lejos hacia el sur como a los sitios sagrados de Tulúm y X-Cacal.

A causa de esta prosperidad repentina, hoy se verán pocos mayas yucatecos residiendo en las orillas del mar, pescando con redes y con lanzas como lo han hecho tradicionalmente. Muchos han huído a Mérida, la cual era considerada en un tiempo el "París del Mundo Occidental", para tomar sus desesperados turnos como habitantes de una ciudad moderna. Otros han sido atraídos a la encantadora Cancún para trabajar como meseros, y de vez en cuando como tímidos Romeos para gringas sedientas de amor, para mantener a sus familias que fueron despojadas de sus existencias tradicionales en la selva. Y otros se han retirado aún más profundamente dentro de la selva misma—los sectores que todavía no habían sido convertidos en ranchos de ganado, plantaciones de henequén o de bananos. Aquí está el último refugio para el maya yucateco

Deforestation in the jungles of Mexico isn't always at the hands of loggers and ranchers. Here, new settlers carve out their niche in the jungles of Veracruz along the Río Coatzacoalcos.

La desforestación de las selvas de México no ocurre siempre a manos de los madereros y de los rancheros. Aquí, nuevos pobladores cortan sus nichos en las selvas de Veracruz a lo largo del Río Coatzacoalcos.

tradicional y para los seres sobrenaturales y los modos de vida que ellos mantenían después de que la ordenanza española de 1552 prohibiera prácticas indígenas, ritos religiosos y celebraciones comunales. Pero sus menguantes bosques tropicales no pueden sobrevivir por mucho tiempo más.

En la sombría luz del atardecer de la selva, hombres salen de las sombras. Un ondulante banco de nubarrones anuncia la lluvia y quizás una pacifi-

cación para los nucuch-chacob, los "dioses poderosos". Pero mohosas escopetas de cañón sencillo atadas a bicicletas maltrechas, y sacos de harpillera llenos de pequeños animales muertos cuentan otra historia. Estos hábiles cazadores mayas yucatecos han estado acechando la selva para sian ka'an, "todo lo que ha nacido bajo el cielo", antes de que éste se cierre para siempre sobre una de la gente más grandiosa de México.

In the dwindling jungles of Quintana Roo, sister and brother María and Roberto Non Cen are living proof the Yucatec Maya never disappeared. Today, an estimated five million Maya inhabit Yucatán and Central America.

En las menguantes selvas de Quintana Roo, hermana y hermano María y Roberto Non Cen son pruebas vivientes que los mayas yucatecos nunca desaparecieron. Actualmente, un estimado cinco millones de mayas habitan Yucatán y Centroamérica.

Temptations of the selva: a papaya tree waits in idle silence to be plucked of its mouth-watering fruit.

Tentaciones de la selva: un papayo espera en desocupado silencio para ser despojado de su sumamente apetitosa fruta.

Mexican biologists are fighting a tenuous battle to save the Olive Ridley turtle on Quintana Roo's Caribbean coast. Turtle nesting grounds are threatened by the burgeoning development marching south from Cancún.

Biólogos mexicanos están librando una batalla tenue para salvar la tortuga pico de gavilán en la costa caribeña de Quintana Roo. Las madrigueras de las tortugas están amenazadas por el creciente desarrollo que marcha hacia el sur desde Cancún.

Touted as good eating by Maya hunting the second-growth jungles of Quintana Roo, a *tejón* (coatimundi) was the preferred pet of this young Maya boy.

Considerado como un buen platillo por los mayas que cazan en las junglas de Quintana Roo, un tejón (coatí) era el animal domesticado predilecto de este joven maya.

Racked by poverty in neighboring Veracruz, heartland of the Olmec, this desperate campesino saw no alternative to selling artifacts unearthed from the selva. Before I left, he and his father pleaded with me in Spanish: "There is nothing here. Give us a ride to Arizona so we can look for work!"

Atormentado por la pobreza en la cercana Veracruz, terruño de los olmecas, este campesino desesperado no vio ninguna alternativa sino vender los artefactos desenterrados en la selva. Antes de irme, él y su padre me rogaron: "No hay nada aquí. ¡Llévenos a Arizona para que podamos buscar trabajo!"

Yucatec Maya children wait for cave divers to emerge from Cape Ich,
a remote jungle cenote still used by neighboring families as their
only source of water.

*Niños y niñas mayas yucatecos esperan para que los buceadores de
cavernas salgan de Cape Ich, un remoto cenote selvático todavía en uso
por las familias que viven en las cercanías como su única fuente de agua.*

OVERLEAF: The House of Columns stands in the ancient center of Tulúm,
one of the only Mayan cities not conquered by the Spaniards.

*A LA VUELTA: La Casa de Columnas está en el antiguo centro de Tulúm, una de
las únicas ciudades mayas no conquistadas por los españoles.*

In the dusty village of Tulúm, Gonzalo Castilla Hernández stops to give me directions to the Mayan church.

En la aldea polvorienta de Tulúm, Gonzalo Castilla Hernández se detiene para darme direcciones a la iglesia maya.

*The Yucatec Maya once made sacred pilgrimages to this secret jungle cave,
which they knew as* Ya Kax Oxmi Na.

*Los mayas yucatecos en una época iban en peregrinaciones sagradas
a esta cueva secreta de la selva que conocían como Ya Kax Oxmi Na.*

OVERLEAF: A sacred site and a fortified Mayan trade center in A.D. 987,
Tulúm is now a crowded seaside attraction for thousands of Mexican and
foreign tourists motoring along the Ruta Maya each year.

*A LA VUELTA: Un sitio sagrado y un fortalecido centro de comercio maya en
987 d.C., Tulúm es ahora una atracción playera concurrida por miles de
turistas mexicanos y extranjeros conduciendo sus automóviles cada año
a lo largo de la ruta maya.*

The Heart of Mexico –
In the Shadow of the
Sacred Mountains

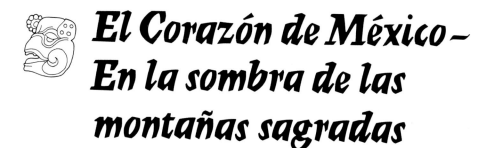 # El Corazón de México –
En la sombra de las
montañas sagradas

IT WAS A SOARING RING of fire, and it severed the North American continent from the South. It was the forested home of the Nahua Indians, and only they could remember to speak the Aztec's true tongue. Called the Cordillera de Anáhuac, it burned along the nineteenth parallel from the Revillagigedo Islands in the Pacific to Volcán de San Martín near the Gulf of Mexico. Between these distant eruptions loomed the highest volcanoes in North America. To geologists, the ten-million-year-old *cordillera* was the Sierra Volcánica Transversal. To ancient peoples who had always revered its fiery summits, it was the dwelling place of gods.

Floating in the heavens 18,700 feet above the sea, the range's highest mountain was known to the Aztecs as Citlaltépetl, "Mountain of the Star," because the plumed serpent god, Quetzalcóatl, perished in the sacred cauldron gurgling beneath its icy rim. The supernal summits to the west were those of 17,887-foot Popocatépetl, the "Smoking

ERA UN ENCUMBRADO CÍRCULO de fuego, y separó el continente norteamericano del sur. Era el terruño embosquecido de los indios nahua, y solamente ellos podían recordar cómo hablar la verdadera lengua azteca. Llamada la Cordillera de Anáhuac, ardió a lo largo del paralelo diecinueve desde las islas de Revillagigedo en el Pacífico hasta el volcán de San Martín cerca del Golfo de México. Entre estas erupciones distantes se asomaban los volcanes más altos de Norteamérica. Para los geólogos, la cordillera de diez millones de años era la Sierra Volcánica Transversal. Para los habitantes antiguos quienes habían siempre reverenciado sus cumbres ardientes, era la morada de los dioses.

Flotando en los cielos a 5,746 metros sobre el mar, la montaña más alta de la cordillera era conocida por los aztecas como Citlaltépetl, la "Montaña de la Estrella"; porque la deidad de la serpiente emplumada, Quetzalcóatl, pereció en la caldera sagrada gorgoteando debajo de su borde glacial. Las

Mountain" of the mythic warrior, and 17,342-foot Iztaccíhuatl, the "Sleeping Lady" of the fabled princess. Since the time of legend, Popocatépetl and Iztaccíhuatl have been eternally linked by the burning desire of unrequited love.

Hernán Cortés first crossed the pass between these myth-shrouded volcanoes in 1519, following the Cordillera de Anáhuac from the Gulf of Mexico to the lush *prado*, "alpine meadow," nestled between the two peaks. It was from this historic vantage that Cortés launched a siege that crushed the Aztec empire cradled in the Valley of Mexico a day's march west. It was also from "Paso de Cortés" that the conquistador ordered Diego de Ordaz to investigate the whirling plume of smoke spewing from Popocatépetl's summit rim.

Swirling clouds and swaying stands of evergreens, from the Aztec pine to the sacred fir *oyamel*, cover the flanks of Iztaccíhuatl and Popocatépetl. Within these ancestral forests, the Nahua have traditionally offered maize and amaranth to the mountains' spirits. But a shrine discovered on the rocky flanks of Popocatépetl dates back to A.D. 900, and it eclipses the Nahua's own sacred rites in the secret forest below. Archaeologists believe the Toltec, forerunners to the Aztec who preceded the Nahua, made religious pilgrimages high up the Smoking Mountain, wearing little more than rude sandals as climbing shoes.

In the shadows of these sacred mountains there lives a legendary climber, and long ago he earned the right to use his Nahua name of *Tlaxquiche*, meaning "animal of the snows." Among a list of explorations that would turn Cortés' head, Tlaxquiche has climbed to the summits of Citlaltépetl, Popocatépetl, and Iztaccíhuatl 374 times. Time and again he has risked his life to rescue stranded climbers (at last count 181), and

celestiales cumbres al oeste eran aquellas de Popocatépetl de 5,452 metros, la "Montaña Humeante" del guerrero mítico, e Iztaccíhuatl de 5,286 metros, la "Dama Durmiente" de la fabulada princesa. Desde la época legendaria, Popocatépetl e Iztaccíhuatl han estado eternamente ligadas por el deseo ardiente del amor no correspondido.

Hernán Cortés primero cruzó el paso entre estos volcanes envueltos en mitos en 1519, siguiendo la Cordillera de Anáhuac desde el Golfo de México hasta el prado lozano situado entre los dos. Fue desde esta posición histórica que Cortés emprendió un asedio que aniquiló el imperio azteca, el cual estaba acunado en el Valle de México a un día de marcha hacia el oeste. También fue desde el "Paso de Cortés" que el conquistador le ordenó a Diego de Ordaz que investigara el vertiginoso penacho de humo procediendo del borde de la cumbre de Popocatépetl.

Nubes arremolinadas y oscilantes vegetaciones de hojas perennes, desde el pino azteca al abeto sagrado, el oyamel, cubren los costados de Iztaccíhuatl y Popocatépetl. Dentro de estos bosques ancestrales, los nahuas tradicionalmente han ofrecido maíz y amarantina a los espíritus de las montañas. Pero un santuario descubierto en los costados rocosos de Popocatépetl remonta a 900 d.C., y eclipsa los ritos sagrados de los nahuas en el bosque secreto que se encuentra abajo. Arqueólogos creen que los toltecas, precursores de los aztecas quienes a su vez precedieron a los nahuas, embarcaron en peregrinajes religiosos en lo alto de la Montaña Humeante, vistiendo poco más que sandalias toscas como calzado para escalar.

En las sombras de estas montañas sagradas vive un escalador legendario, y hace mucho tiempo que él mereció el derecho de usar su nombre nahua de Tlaxquiche, "animal de las nieves". En una lista de

he has long since forgotten how many stony corpses he has recovered from their icy tombs. It was from the summit ridges and crests of Iztaccíhuatl, however, that Tlaxquiche first brought down the lifeless bodies of clay figurines. They were *ofrendas,* "offerings," and they wore a variety of strange faces representing the Nahuatl, Olmec, and Teotihuacán deities; Tlaxquiche believes these ancient peoples ritually climbed the mountain as early as A.D. 800, either to hide their tiny idols from the Spaniards who outlawed their religious practices or to revere their gods at the eighteen *oratorios,* "sacred shrines," which he also discovered on Iztaccíhuatl.

Revered by the Nahua still living in their cloud forests, and by Tlaxquiche dwelling near their base, the glacial ramparts of Popocatépetl and Iztaccíhuatl form the axis of the Sierra Madre Oriental. In massive drifts and folds of limestone, the spine of the Sierra Madre Oriental arcs eight hundred miles north across the heart of Mexico to the Río Bravo del Norte bordering the frontier of Big Bend. Although the range reaches its pinnacle atop 13,303-foot Cerro Peña Nevada, the Sierra Madre Oriental's most sacred peak is thought to be the lowly outlier of Oya 'ta. In a mythic land of ancient traditions where shamans have sought prophetic visions, it's not strange that Oya 'ta's summit is considered sacred by traditional Indians today; what *is* remarkable is the fact that the Tepehuán Indians who still revere it live in the Sierra Madre *Occidental.* And in order to pay homage to their deities atop Oya 'ta, they must first cross the far reaches of the Chihuahuan Desert from west to east, a grueling five-hundred-mile journey. Nor is that the end of their spiritual quest. Upon descend-

exploraciones que causaría la admiración del propio Cortés, Tlaxquiche ha escalado las cumbres de Citlaltépetl, Popocatépetl e Iztaccíhuatl 374 veces. Una vez tras otra él ha arriesgado su vida para rescatar escaladores desamparados (a última cuenta 181), y ha transcurrido mucho tiempo desde que él ha olvidado cuántos cuerpos pétreos él ha recobrado de sus sepulturas glaciales. Fue desde las sierras y las crestas de la cumbre de Iztaccíhuatl, sin embargo, que Tlaxquiche primero descendió con los cuerpos sin vida de figuras de arcilla. Ellos eran ofrendas y tenían una variedad de rostros extraños representando las deidades nahuatles, olmecas y teotihuacanas; Tlaxquiche cree que estos habitantes antiguos ritualmente subían a la montaña remontando al año 800 d.C., para esconder sus diminutos ídolos de los españoles quienes prohibieron sus prácticas religiosas, o para venerar sus dioses en los dieciocho oratorios que él también ha descubierto en Iztaccíhuatl.

Reverenciado por los nahuas que aún están viviendo en sus bosques nublados, y por Tlaxquiche quien está viviendo cerca de sus bases, los terraplenes glaciales de Popocatépetl e Iztaccíhuatl forman el eje de la Sierra Madre Oriental. En bancos y pliegues masivos de piedra caliza, el lomo de la Sierra Madre Oriental forma un arco de casi mil trescientos kilómetros hacia el norte a través del corazón de México hasta llegar al Río Bravo del Norte contiguo a la frontera de Big Bend. Aunque la cordillera alcanza su punto más alto en el Cerro Peña Nevada de 4,055 metros, la cumbre más sagrada de la Sierra Madre Oriental es la humilde montaña de Oya 'ta. En una tierra mítica de tradiciones antiguas donde hechiceros han buscado visiones proféticas, no resulta ex-

ing from their summit pilgrimage, the Tepehuán roam the harsh high deserts of San Luis Potosí and Zacatecas in search of peyote; they use the hallucinogenic cactus during sacred rituals held upon their return to their villages in the rugged western Sierra Madre.

On the ancient corn path that once bridged the Tepehuán's mystic trail with that of the Nahua's beneath the Smoking Mountain is the arid *altiplano,* "high plateau." It was across this burnished desert that corn first traveled north from the Valley of Mexico five thousand years ago, finally reaching the Native peoples of the American Southwest. But it was an ancient commerce that, by the sixteenth and seventeenth centuries, would annihilate ghost bands of Indians displaced by Spaniards. One band that survived in the shadows of the Spaniard's tragic policy of *reducción* was the Pame; however, it's difficult to say how many Pame still live within the gaunt reaches of the Tepehuán's sacred mountain today. Little known by ethnographers, these wandering hunters and gatherers started their spiral toward oblivion when *ejidatarios,* "ejido farmers," urged by Spanish colonizers, discovered that a modicum of wealth could be reaped from the yellow kernel. Look in any direction today, and you will see the milpa flourishing throughout the Pame's ancestral land, forcing the remaining handful to eke out an existence selling the native plants and animals they once revered.

Follow the Comanche War Trail south from Big Bend, beneath the roving death mask of toxic smog drifting north, and ride into the heart of Mexico as these guerrilla fighters once did. Ask the Native peoples you'll see in the deserts of Zacatecas and San Luis Potosí the name of their tribe. They may be Pame, perhaps Otomí, but they will insist

traño que la cumbre de Oya 'ta sea considerada sagrada por los indios tradicionales de hoy; lo que sí es extraordinario es el hecho de que los indios tepehuanes, quienes todavía la veneran, viven en la Sierra Madre Occidental. Y para rendirle homenaje a sus dioses en la cumbre de Oya 'ta, ellos deben cruzar, primero los lejanos alcances del desierto chihuahuense de oeste a este, una penosa jornada de ochocientos kilómetros. Tampoco es esto la conclusión de su búsqueda espiritual. Al descender de su peregrinaje a la cumbre, los tepehuanes vagan por los duros desiertos altos de San Luis Potosí y Zacatecas en busca de peyote; ellos usan el cacto alucinógeno durante los ritos sagrados celebrados al regresar a sus pueblos en la borrascosa Sierra Madre Occidental.

En el antiguo sendero de maíz que una vez unía el sendero místico de los tepehuanes con aquél de los nahuas bajo la Montaña Humeante, está el árido altiplano. Fue a través de este desierto bruñido que el maíz primero viajó hacia el norte del Valle de México hace cinco mil años, finalmente alcanzando a los indígenas del suroeste norteamericano. Pero fue un comercio antiguo que, ya para los siglos dieciséis y diecisiete, aniquilaría grupos fantasmales de indios desalojados por los españoles.

Un grupo que sobrevivió en las sombras de la trágica política de reducción del español fueron los pames; sin embargo, es difícil decir cuántos pames todavía viven hoy dentro de los alcances severos de la sagrada montaña de los tepehuanes. Poco conocidos por los etnógrafos, los cazadores y recolectores nómadas comenzaron su espiral hacia el olvido cuando los ejidatarios, instados por los colonizadores españoles, se dieron cuenta de las ganancias que podían ser segadas del grano amarillo. Mire en cualquier dirección hoy, y usted verá la milpa floreciendo por toda la tierra ancestral de los pames,

they are "Mexican." Explore the mythic woods of the Nahua below Paso de Cortés, and ask the local Indians their tribal name; they will also tell you "Mexican," if they answer you at all. In the land of the conquistadors, it has rarely paid to admit to being Indian — even in the shadows of their sacred mountains.

forzando el puñado de indios restantes a que ganen a duras penas su subsistencia vendiendo plantas y animales nativos que ellos una vez veneraban.

Siga el sendero de guerra de los comanches hacia el sur desde la frontera de Big Bend, debajo de la errante máscara mortal de la contaminación del aire que flota hacia el norte, y marche dentro del corazón de México como una vez lo hicieron estos guerrilleros. Pregúntele a la gente indígena que usted verá en los desiertos de Zacatecas y San Luis Potosí el nombre de su tribu. Ellos pueden ser pames, quizás otomíes, pero insistirán en que ellos son "mexicanos". Explore los bosques míticos de los nahuas debajo del Paso de Cortés, y pregúnteles a los indios locales su nombre tribal; ellos también le dirán "mexicanos", si es que le responden del todo. En la tierra de los conquistadores, rara vez ha sido aconsejable admitir el hecho de ser indio — aún en las sombras de sus montañas sagradas.

OVERLEAF: In massive drifts and folds of limestone, the spine of the Sierra Madre Oriental arcs eight hundred miles north across the heart of Mexico to the Río Bravo del Norte bordering the frontier of Big Bend.

A LA VUELTA: En bancos y pliegues masivos de piedra caliza, el espino de la Sierra Madre Oriental forma un arco de 1,300 kilómetros hacia el norte a través del corazón de México hasta llegar al Río Bravo del Norte en la frontera de Big Bend.

Beneath the smoking ramparts of Popocatépetl, a rogue forest bull
saunters across the plaza of Vicente Guerrero, the international climbers'
hostel in Tlamacas, Mexico.

*Bajo los terraplenes de Popocatépetl, un atrevido toro del bosque
se pasea por la plaza de Vicente Guerrero, la posada para escaladores
internacionales en Tlamacas, México.*

Displaced from their ancestral land in the deserts of San Luis Potosí,
Pame Indians like this woman eke out a living selling fledgling falcons
and sun-dried rattlesnake skins.

*Desalojados de su tierra ancestral en los desiertos de San Luis Potosí, los
indios pames como esta mujer ganan a duras penas sus subsistencias
vendiendo pollos de halcones y las pieles de las serpientes de cascabel
secados al sol.*

Surging through the subtropical eastern forests of the Sierra Madre
Oriental, floodwaters of the Río Micos inundate this forlorn tombstone
in San Luis Potosí.

*Agitándose a través de los bosques subtropicales del este de la Sierra Madre
Oriental, las aguas desbordeantes del Río Micos inundan esta lápida
desamparada en San Luis Potosí.*

A modern vision of the sleeping princess Iztaccíhuatl is reflected in the tranquil repose of this sunbather in the Río Micos, San Luis Potosí.

Una visión moderna de la princesa durmiente Iztaccíhuatl está reflejada en el reposo tranquilo de esta joven que toma el sol en el Río Micos, San Luis Potosí.

The cloud forests of Popocatépetl and Iztaccíhuatl in Mexico boast eight different kinds of pine trees and the sacred fir *oyamel*.

Los bosques nublados de Popocatépetl e Iztaccíhuatl ostentan ocho variedades diferentes de pinos y el abeto sagrado, el oyamel.

A cavern deep in the heart of the Sierra Madre Oriental enshrines the Virgen de San Juan de los Lagos, Nuevo León.

Una caverna en las profundidades del corazón de la Sierra Madre Oriental sirve como un santuario para la Virgen de San Juan de los Lagos, Nuevo León.

These *ofrendas,* "offerings," are remnants of the Nahuatl, Olmec, and Teotihuacán cultures and were discovered among eighteen different *oratorios,* "sacred sites," near the summit of Iztaccíhuatl—evidence that these ancient people may have first climbed the lofty mountain circa A.D. 800.

Estas ofrendas son vestigios de las culturas nahuatl, olmeca y teotihuacana y fueron descubiertas entre dieciocho oratorios diferentes cerca de la cumbre de Iztaccíhuatl—prueba de que estos habitantes antiguos quizás hayan primero escalado estas altas montañas alrededor del año 800 d.C.

The magnificent Cascada Cola de Caballo, "Horsetail Falls," tumbles down the eastern slopes of the Sierra Madre Oriental, Nuevo León.

La magnífica Cascada Cola de Caballo se desploma bajo el costado del este de la Sierra Madre Oriental, Nuevo León.

In the doorway of his modest appliance repair shop, Tlaxquiche shares a lighthearted moment with visitors. He has climbed to the summits of Citlaltépetl, Popocatépetl, and Iztaccíhuatl 374 times, rescuing 181 stranded climbers in the process, and has discovered evidence that Native people climbed Iztaccíhuatl one thousand years before its first recorded ascent.

En la entrada de su humilde tienda de reparación de aparatos eléctricos, Tlaxquiche comparte un momento alegre con visitantes. El ha subido a las cumbres de Citlaltépetl, Popocatépetl e Iztaccíhuatl 374 veces, en el proceso rescatando a 181 escaladores desamparados, y ha descubierto indicios de que los indígenas escalaron Iztaccíhuatl mil años antes de la primera documentada subida.

Lush summer grasses carpet the flanks of 17,342-foot Iztaccíhuatl,
Mexico's third-highest volcano.

*La lozana hierba del verano cubre los costados de Iztaccíhuatl de 5,286
metros, el tercer volcán más alto de México.*

Overleaf: The Aztecs have long regarded the supernal summit of
17,887-foot Popocatépetl as the "Smoking Mountain" of their
mythic warrior.

*A la vuelta: Por mucho tiempo los aztecas consideraban la cumbre
celestial de Popocatépetl, de 5,452 metros de altura, como la
"Montaña Humeante" de su guerrero mítico.*

The Sierra Madre –
In the Cradle of
the Mother Mountains

La Sierra Madre –
En la cuna de
las Montañas Madres

IT WAS A HEATHEN TROVE for seventeenth-century Jesuit missionaries who came in quest of souls, and a strongbox for Spanish miners who came in search of gold. It was the domain of revolutionary *villistas* who struck with terror, and the haunt of Chiricahua Apaches who raided with horror. Cut off from civilization until completion of the Chihuahua Pacífico Railroad in 1921, the Tarahumara could have found no place more remote or more rugged to hold out than in the cradle of their "Mother Mountains." An incomparable land of pine-cloaked sierras roamed by lumbering grizzlies and subtropical barrancas stalked by furtive jaguars, the Sierra Madre Occidental was the ancestral domain of North America's largest, most resilient Indian tribe. The Tarahumara knew this pristine world of frothing cascades and mile-deep chasms to be ruled by the natural forces of good and evil: *mi pani bitéame,* the "one who lives above," and *riré bitéame,* the "one who lives below."

*F*UE UN IMPRESIONANTE HALLAZGO *de paganos para los misioneros jesuitas del siglo diecisiete quienes llegaron en busca de almas, y una caja fuerte para los mineros españoles quienes llegaron buscando oro. Era el dominio de revolucionarios villistas quienes infundían terror, y el sitio predilecto de los apaches chiricahuas quienes llevaban a cabo incursiones de horror. Aislado de la civilización hasta la realización de la línea ferrocarrilera Chihuahua Pacífico en 1921, los tarahumaras no podían encontrar ningún sitio más remoto ni más escabroso para resistir que en la cuna de sus "Montañas Madres". Una tierra incomparable de sierras cubiertas de pinos y recorridas por monumentales osos pardos y de barrancas subtropicales acechadas por jaguares furtivos, la Sierra Madre Occidental era el dominio ancestral de la más grande, la más resistente tribu indígena de Norteamérica. Los tarahumaras sabían que el mundo pristino de cascadas espumeantes y de abismos de casi dos kilómetros de profundidad*

The spine of the Continental Divide below the U.S.-Mexico border, the Sierra Madre Occidental runs south for 750 miles until it slams into the Sierra Volcánica Transversal near the smoldering flanks of 14,600-foot Nevado de Colima. Bordered on the east by the blistering *lechuguilla*-covered flats of the Chihuahuan Desert, the range's most awesome front gives way to the scorching *bajadas,* "slopes," of the cactus-studded Sonoran Desert on the west. Cresting at 9,000 feet throughout most of its magnificent course, the Sierra Madre Occidental is gouged by a labyrinth of tortuous canyons, from the 6,136-foot-deep Barranca de Urique in the north to the 7,500-foot-deep Barranca de Piaxtla in the south.

Of the three distinct bands of Tarahumara who once thrived here, none resisted conversion by Jesuit missionaries more fiercely than the *simarone,* "wild people." Known as *gentiles,* or "heathens," to the Jesuits, the simarone resolutely clung to their traditions in spite of the twenty-nine missions and fifty-odd *visitas* (mission stations) the Jesuits established before being expelled by the government in 1767. Since then, the little-known simarone have epitomized the Tarahumara's relentless spirit in the face of disastrous odds.

In the seldom-visited barrancas of the Río Septentrión and Río Verde, among others, lived the *poblanos,* "canyon dwellers." Since retreating from the first wave of *čabóči,* "non-Indians," in the seventeenth century, the poblanos have dwelt in the subtropical world of parrots and jaguars, where fish stunned with poison supplemented a staple diet of corn, beans, and squash, where columnar cacti grew amidst native palm. Unlike the simarone, however, the poblano's religious practices included a strange mix of aboriginal beliefs and Catholicism. None were more colorful

estaba gobernado por las fuerzas naturales del bien y del mal: mi pani bitéame, *"el que vive arriba", y* riré bitéame, *"el que vive debajo".*

La cordillera de la Divisoria Continental que cruza la frontera entre los Estados Unidos y México, se extiende dentro hacia el sur por 1,200 kilómetros hasta chocar contra la Sierra Volcánica Transversal cerca de las faldas del Nevado de Colima (4,450 metros) que arden lentamente. Confinado en el este por los calurosos llanos cubiertos de lechuguilla del Desierto Chihuahuense, el frente más asombroso de la cordillera cede ante las abrasadoras bajadas adornadas de cacto del Desierto Sonorense al oeste.

Manteniendo una elevación de 2,750 metros a lo largo de la mayoría de su curso magnífico, la Sierra Madre Occidental está excavada por un laberinto de cañones tortuosos, variando desde la Barranca de Urique a 1,870 metros de profundidad en el norte, a la Barranca de Piaxtla de 2,286 metros de profundidad en el sur.

De los tres distintos grupos de tarahumaras que una vez prosperaban aquí, ninguno resistió la conversión por los misioneros jesuitas más ferozmente que los simarones, o la "gente salvaje". Conocidos como gentiles, o "paganos", por los jesuitas, los simarones se aferraron resueltamente a sus tradiciones a pesar de las veintinueve misiones y más de cincuenta visitas, estaciones misioneras, que los jesuitas establecieron antes de ser expulsados por el gobierno en 1767. Desde entonces, los pocos conocidos simarones han representado el espíritu implacable de los tarahumaras ante desventajas desastrosas.

En las pocas visitadas barrancas del Río Septentrión y el Río Verde, entre otros, vivieron los poblanos, o los "habitantes del cañón". Desde que se retiraron de la primera oleada de čabóči, los "no indios", en el siglo diecisiete, los poblanos, quienes habitaban

than the Semana Santa (Holy Week) celebrations held each spring.

The *pagótame,* "mountain dwellers," are the largest ancestral band of Tarahumara. They were the children of this once secret forest and, like the simarone and poblanos, they've lived in the Mother Mountains for over two thousand years. Ethnographers believe they may have migrated south from the Apache. All Tarahumara, however, know themselves as *rarámuri,* "foot runners," and for good reason. Before proselytizing missionaries brought livestock into the Sierra Madre Occidental, the simplest, most efficient way for the Tarahumara to travel through their vast realm was by running. As early as 1892, the rarámuri were reported to hunt deer by running them to death in an exhausting daylong chase; superhuman foot races were also held between competing pueblos and would cover up to two hundred miles in forty-eight hours of nearly nonstop running. Hence, the rarámuri repeatedly earned the title of "the greatest long-distance runners in the world."

If the cultural death knell for the rarámuri was not sounded by disease and change wrought by missionaries, it was certainly sounded by the construction of the Chihuahua Pacífico Railroad. Requiring nearly a century to construct its 565 miles of tortuous line across the Sierra Madre, this spectacular railroad linked the gulf port of Topolobampo, Sinaloa, with the capital of Chihuahua. In the process, a century of dangerous pick-and-shovel work brought thousands of wildcat laborers into the depths of the rarámuri's homeland, and mestizo settlements sprang up along the length of the railroad. Once-virgin stands of Douglas fir and

en cavernas, vivían en el mundo subtropical de loros y jaguares, donde peces aturdidos con veneno suplementaban una dieta corriente de maíz, frijoles y calabaza, donde los cactos columnarios crecían entre la palma nativa. A diferencia de los simarones, sin embargo, las prácticas religiosas de los poblanos incluían una mezcla extraña de creencias indígenas y el catolicismo. Y ningunos eran más pintorescos que las celebraciones de Semana Santa llevadas a cabo cada primavera.

El grupo ancestral más numeroso de los tarahumaras son los pagótames, los "habitantes de la montaña". Ellos eran los hijos y las hijas de este bosque que una vez era un secreto. Y, como los simarones y los poblanos, han vivido en las Montañas Madres por más de dos mil años. Etnógrafos creen que quizás ellos emigraron al sur a causa de los apaches. Todos los tarahumaras, sin embargo, se refieren a sí mismos como los rarámuris, *los "corredores a pie", y por buena razón. Antes de que los misioneros que buscaban prosélitos trajeran ganado a la Sierra Madre Occidental, la más sencilla, más eficiente manera para que los tarahumaras viajaran a través de su vasto reino era corriendo. Remontando al año 1892, se reportaba que los rarámuris cazaban venado corriendo tras ellos hasta que murieran en una persecución agotadora que duraba un día entero; carreras de a pie sobrehumanas se llevaban a cabo también entre pueblos que competían y éstas cubrían hasta trescientos veinte kilómetros durante cuarenta y ocho horas de carrera casi constante. Los rarámuris repetidamente ganaban el título de "los mejores corredores de larga distancia del mundo".*

Sin embargo, el toque de la muerte cultural de los rarámuris no fue dado por enfermedades, cier-

western yellow pine were leveled for construction, and as new roads and logging spurs probed deeper into this wild terrain, a new onslaught of miners, cattlemen, and missionaries followed. It was a lawless land, and if enslaved rarámuri ever died at the hands of greedy settlers, who would know?

Nor has the future for the rarámuri improved. North America's insatiable appetite for drugs also found its way into the farthest reaches of the Sierra Madre Occidental. *Narcotraficantes* struggling to meet the urgent demand of *norteamericanos* have found no better place this close to the border to grow *amapola*, "opium poppies," and *mota*, "marijuana," than in the rugged domain of hidden barrancas and roadless sierras. Published stories, as well as personal accounts of Mexican soldiers, confirm reports that both rarámuri and mestizos have been conscripted to harvest secret plots of dope and transport it along remote smuggling routes. And no one knows for sure how many of those who refused were murdered. But in a January 9, 1994, *Los Angeles Times Magazine* cover story, Alan Weisman reported that "drug lords are destroying their ancient trees in order to plant marijuana and opium poppies, killing hundreds of Natives simply because they object."

Travel the path of the great Norwegian explorer Carl Lumholtz today, and behind the spectacular mask of the barrancan paradise he witnessed in the 1890s, you will see a Native culture under siege. A network of new roads now penetrates the remotest reaches of the sierra, and everyone follows the roads. Narcotraficantes string "trip wires" of cables across narrow barrancas to bring down military helicopters searching for mota and amapola. Armed check points, some manned by special units of state and federal Judicial Police, others by men who've always claimed

tamente fue dado por los cambios efectuados por los misioneros y por la construcción de la línea ferrocarrilera Chihuahua Pacífico. Requiriendo casi un siglo para construir sus 900 kilómetros de línea tortuosa a través de la Sierra Madre, este ferrocarril espectacular unió el puerto de Topolobampo, Sinaloa, en el golfo, con la capital de Chihuahua. En el proceso, un siglo de peligroso trabajo a pico y pala trajo millares de aventurosos obreros dentro de lo más profundo del terruño de los rarámuris, y caseríos de mestizos surgieron a lo largo del ferrocarril. Una vegetación, en una vez silvestre, de abetos y pinos fue derrumbada para emplear la madera en la construcción, y en tanto que nuevos caminos y ramales madereros penetraban más profundamente dentro de este terreno salvaje, una nueva embestida de mineros, ganaderos y misioneros siguieron. Era una tierra sin leyes, y si los esclavizados rarámuris morían a manos de pobladores codiciosos, ¿quién lo sabría?

Tampoco ha mejorado el futuro de los rarámuris. El apetito insaciable de Norteamérica por las drogas ha llegado hasta los alcances más lejanos de la Sierra Madre Occidental. Narcotraficantes esforzándose por satisfacer la urgente demanda de los norteamericanos no han encontrado ningún sitio mejor tan cerca de la frontera para cultivar la amapola y la "mota", o marihuana, que este terreno escabroso de barrancas ocultas y sierras sin caminos. Historias publicadas, así como relatos personales de soldados mexicanos, confirman reportes que tanto los rarámuris como los mestizos están siendo obligados a cosechar las parcelas secretas de drogas y transportarlas a lo largo de remotas rutas de contrabando. Y nadie sabe a ciencia cierta cuántos de aquéllos quienes rehusaron han muerto. Pero en un artículo de la revista de Los Angeles Times *fechado el 9 de enero de 1994, Alan Weisman reportó que*

no need for badges, are a regular sight. Drifting in on the winds of the North American Free Trade Agreement, behind busloads of European tourists and caravans of cattle and logging trucks, is a new wave of mercenaries, and they've come to harvest the last treasures of the Sierra Madre. But when they are finally reaped, some 50,000 rarámuri will no longer have any place to run, nor any place to hide.

"los narcotraficantes están destruyendo los árboles antiguos para sembrar la marihuana y la amapola, matando a cientos de nativos simplemente porque ellos objetaban".

Viaje hoy por el camino del gran explorador noriego Carl Lumholtz, y detrás de la máscara espectacular del paraíso de barrancas que él presenció durante la década de 1890, usted observará una asediada cultura indígena. Una red de nuevos caminos ahora penetran los alcances más remotos de la sierra, y todo el mundo sigue estos caminos. Narcotraficantes atan cables como trampas a través de las estrechas barrancas para derrumbar helicópteros militares que buscan la mota y la amapola. Puntos de control armados, algunos guarnecidos por unidades especiales de la policía estatal y federal, otros guarnecidos por hombres quienes reclaman no tener la necesidad de insignias, son una escena común. Traída por los vientos del Tratado de Libre Comercio Norteamericano, tras autobuses llenos de turistas europeos y caravanas de camiones ganaderos y madereros, viene una nueva oleada de mercenarios, y ellos han llegado a cosechar los últimos tesoros de la Sierra Madre. Pero cuando finalmente son cosechados, unos 50,000 rarámuris ya no tendrán ningún sitio donde huir, ni ningún sitio para esconderse.

Like the Grand Canyon to which it is always compared, smoggy skies are also now a regular occurrence in the Barranca del Cobre region of the Sierra Madre Occidental.

Al igual que el Gran Cañón, al cual siempre es comparado, el aire contaminado es ahora un acontecimiento común en la región de la Barranca del Cobre de la Sierra Madre Occidental.

Resting on a Pharisee's wooden sword, a young rarámuri takes a break from Semana Santa celebrations in the Sierra Tarahumara.

Descansando en la espada de madera de un fariseo, un joven rarámuri toma un reposo de las celebraciones de la Semana Santa en la Sierra Tarahumara.

The Ángel Fierro Gill family sits in front of their traditional adobe house
in a remote section of the Barranca de Batopilas.

*La familia de Ángel Fierro Gill se sienta frente su casa de adobe tradicional
en una sección remota de la Barranca de Batopilas.*

The traditional dress of rarámuri women sometimes falls prey to rural
cloth merchants peddling the Coca-Cola lifestyle.

*La vestimenta tradicional de las mujeres rarámuri a veces cae presa a los
mercaderes rurales de telas quienes venden el modo de vida de la Coca-Cola.*

For nearly a week, rarámuri gather from all of the sierra to dance the *dutúburi* during Semana Santa.

Por casi una semana, los rarámuris vienen de todas partes de la sierra para bailar el dutúburi durante la Semana Santa.

The rarámuri's infant mortality rate, once a staggering 80 percent, has reportedly been reduced to 25 percent. In the face of such odds, it's reassuring to see rarámuri children gathered to watch Semana Santa celebrations in the Sierra Tarahumara.

El índice de mortalidad infantil de los rarámuris, un pasmoso 80%, reportadamente ha sido reducido al 25%. Frente a tales desventajas, es alentador ver a los niños rarámuris congregados para observar las celebraciones de la Semana Santa en la Sierra Tarahumara.

The enduring spirit of the rarámuri is reflected in their three days and nights of nearly nonstop dancing.

El espíritu resistente de los rarámuris está reflejado en sus tres días y noches de bailes casi sin cesar.

In the Barranca de Batopilas, Nacho Palma wears the traditional breechcloth and blouse of the poblano band of rarámuri.

En la Barranca de Batopilas, Nacho Palma viste el taparrabo tradicional y la blusa de los poblanos, una tribu de los rarámuris.

Antinarcotics units of federal and state Judicial Police combat the drug trade now rampant throughout the rarámuri's ancestral land. Here, State Judicial Police officer Alfonso Sáenz Hernández just returned with his men from burning forty acres of amapola high in the Sierra Tarahumara.

Unidades antinarcóticas de la policía judicial federal y estatal combaten el narcotráfico ahora extendido por toda la tierra ancestral de los rarámuris. Aquí, el oficial de la policía judicial estatal, Alfonso Sáenz Hernández, acaba de regresar con sus hombres de quemar 16 hectáreas de amapola en lo alto de la Sierra Tarahumara.

Summer storm clouds brew over the forested heights of the Sierra Tarahumara.

Nubes de tormentas veraniegas amenazan las alturas embosquecidas de la Sierra Tarahumara.

Baja to Sonora–
Between the Desert and the Sea

De Baja California a Sonora–
Entre el desierto y el mar

STRETCHING FROM THE Colorado River delta in the north to the "land's end" of the Baja Peninsula in the south, the Sea of Cortés recedes and surges in a trough seven hundred miles long and, in places, over ten thousand feet deep. Its chimera-inducing waters are rimmed on the west by the craggy shores and emerald lagoons of the Baja Peninsula and on the east by the mangrove estuaries and sere coastal deserts of mainland Mexico. Bridging this landlocked sea at its narrowest point, the Midriff Islands form a chain of fifty-five islands, islets, and pinnacles that teem with myriad species of flora and fauna many naturalists regard as Mexico's Galápagos. Its largest isles of Ángel de la Guarda, San Lorenzo, San Esteban, and Tiburón have long been the ancestral stepping-stones that linked Baja to Sonora.

The ancient Seri who survived in the arid reaches of *iʔišitim,* "their place," knew themselves as the *comcáac,* "the people." And in the oral tra-

ESTRECHÁNDOSE DESDE EL DELTA del Río Colorado en el norte hasta la "orilla de la tierra" en la península de Baja California en el sur, el Mar de Cortés baja y sube en un canal de mil ciento veinticinco kilómetros de longitud y, en partes, de más de tres mil metros de profundidad. Sus aguas, que inducen a las quimeras, están bordeadas en el oeste por las costas peñascosas y las lagunas esmeraldas de la península de Baja California, y en el este por los estuarios de manglares y los secos desiertos costeros de México continental. Tendiendo un puente sobre este mar cercado por tierra en su punto más estrecho, las Islas Midriff forman una cadena de cincuenta y cinco islas, isletas y pináculos en las cuales abunda una miríada de especies de flora y fauna que muchos naturalistas consideran las Islas Galápagos de México. Sus islas más grandes de Ángel de la Guarda, San Lorenzo, San Esteban y Tiburón han sido por mucho tiempo los peldaños ancestrales que unían a Baja California con Sonora.

dition of the people, it is believed they first migrated from Baja thousands of years ago, island by island, until they reached Sonora. The *Xica Xnai Ic Coii,* "they who live toward the south wind," beached on the west coast of Sonora and ranged as far south as the Río Yaqui near present-day Guaymas. The *xica hai ic coii,* "they who live near the true wind," wandered as far as the Río de la Concepción two hundred miles north. Between these distant roamings lived a cunning fishing, hunting, and gathering people who scratched out a desperate existence in one of the fiercest deserts ever inhabited by man. The *Hnaa Motat,* "they who come from the direction of the south wind," inhabited the mangrove estuaries and strange forests of elephant trees and cardón cacti on the bajadas fanning out from the Sierra Seri.

The three bands of comcáac that lived among the Midriff Islands were most intriguing to ethnographers, if only because they were least accessible. Separated by deep, swift-moving channels once cut by the terrifying shadows of blue and fin whales and hammerhead sharks, the *xica hast ano coii,* "they who live in the mountains," were said to survive in "one of the hottest and most arid environments ever to be permanently occupied by humans." Their haunt included the chuckawalla's rocky domain of San Esteban Island and the forlorn southern coast of Tiburón Island.

The *Heno Comcáac,* or "desert people," dwelt in the rugged canyons and mountains of Tiburón Island, a 750-square-mile "land lost in time." Its reported "298 species of vascular plants, 25 species of reptiles and amphibians, and 13 species of land mammals" provided many Seri the best odds of surviving the desperate fringe of the Sonoran Desert that claimed a meager Pleistocene carrying capacity of 0.9 people per square mile. Surrounded

Los seris antiguos quienes sobrevivieron en los áridos alcances de iʔišitim, "su lugar", se llamaban a sí mismos los comcáac, *"el pueblo". Y en la tradición oral del pueblo, se cree que ellos primero emigraron de Baja California hace miles de años, isla por isla, hasta que llegaron a Sonora. Los* xica xnai ic coii, *"aquéllos quienes viven hacia el viento del sur", se asentaron en la costa occidental de Sonora y se extendieron a puntos tan distantes hacia el sur como el Río Yaqui, cerca de donde actualmente está Guaymas. Los* xica hai ic coii, *"aquéllos quienes viven cerca del viento verdadero", se trasladaron a puntos tan lejos como el Río de la Concepción, trescientos veinte kilómetros hacia el norte. Entre estas romerías distantes vivió una gente astuta que pescaba, cazaba y recolectaba ganando a duras penas una existencia desesperada en uno de los más feroces desiertos jamás habitado por el hombre. Los* hnaa motat, *"aquéllos quienes vienen de la dirección del viento del sur", acechaban los relucientes espejismos que también envolvían a sus parientes distantes, donde los estuarios de manglares cedían a los bosques extraños de árboles elefantes y de cacto de cardón en las bajadas que se extendían de los altos alcances de la Sierra Seri.*

Los tres grupos de comcáac que vivían en las Islas Midriff eran los más fascinantes para los etnógrafos, si tan sólo porque eran los menos asequibles. Separados por profundos canales de corrientes rápidas que en una vez fueron recorridas por las atemorizantes sombras de peces martillos y ballenas azules, se decía que los xica hast ano coii, *"aquéllos quienes viven en las montañas", sobrevivían en "uno de los más calientes y áridos ambientes jamás ocupado permanentemente por humanos". Su lugar predilecto incluía el dominio rocoso de las lagartijas chucahualas de la Isla de San Esteban y la abandonada costa septentrional de la Isla Tiburón.*

by the waters of the gulf, the Heno Comcáac, like comcáac everywhere, were linked by an unslakable, lifelong quest for water. The *Tahéöjc Comcáac,* "Tiburón people," also lived on Tiburón Island, but they hunted and gathered on the west coast of Sonora as well.

Not long after Spaniard Francisco de Ulloa "discovered" Tiburón Island in 1539, the sacred world of iʔišitim, and the vital role the comcáac played in its ecological niche, began its spiral toward oblivion. Lured by Ulloa's probe into the gulf, other Spaniards followed, and death shadowed their wake—most tragically, perhaps, in 1700 when Juan Bautista de Escalante laid siege on Tiburón Island and nearby San Esteban Island, where the xica hast ano coii were exterminated. Attacking the mainland comcáac on their eastern flank was an equally ruthless procession of colonialists, missionaries, cattlemen, gold seekers, and land barons who decimated them with war and disease. During the tragic Encinas War between 1855 and 1865 alone, half of the estimated 500 to 600 surviving comcáac were reportedly killed.

Nothing the comcáac could do would stave off the relentless assaults of their enemies. By the 1920s, a devastating measles epidemic had further reduced their ravaged population to a mere 160. The comcáac faced extinction, but they fought their way back from its formidable edge however they could. In the process, in two short decades they went from a primitive fishing, hunting, and gathering society to what one anthropologist described as "masters of economic principles [who] recognize the worth of their own ethnicity."

In 1965, the Mexican government decreed Tiburón Island a nature preserve, and all comcáac re-

Los heno comcáac, o *"gente del desierto" habitaron los rocosos cañones y las montañas de la Isla Tiburón, una "tierra perdida en el tiempo" de mil doscientos kilómetros cuadrados. Se reporta que las "298 especies de plantas vasculares, 25 especies de reptiles y anfibios y 13 especies de mamíferos terrestres" les proporcionaron a muchos seris las mejores ventajas para sobrevivir en el desesperado borde del Desierto Sonorense que posee una escasa capacidad Pleistocena de sostener 0.6 personas por kilómetro cuadrado. Rodeados por las aguas del golfo, los heno comcáac, como los comcáac por todas partes, estaban unidos por una pertinaz búsqueda de toda una vida por agua. El grupo* tahéöjc comcáac *también vivió en la Isla Tiburón, pero ellos además cazaban y recolectaban en la costa occidental de Sonora.*

No mucho tiempo después de que el español Francisco de Ulloa primero puso pie en la Isla Tiburón en 1539, el sagrado mundo de iʔišitim, y el papel vital que los comcáac desempeñaron en su nicho ecológico, comenzó su espiral hacia el olvido. Atraído por la exploración de Ulloa dentro del golfo, otros españoles siguieron, y la muerte vino con ellos—de manera más trágica, quizás, en 1700 cuando Juan Bautista de Escalante asedió la Isla Tiburón y la cercana Isla de San Esteban donde los xica hast y ano coii fueron exterminados. Atacando los comcáac continentales en su costado oriental había una procesión igualmente cruel de colonizadores, misioneros, ganaderos, mineros de oro y terratenientes quienes los diezmaron por medio de guerras y enfermedades. Durante la trágica Guerra de Encinas, solamente entre los años 1855 y 1865 la mitad de los 500 a 600 comcáac sobrevivientes reportadamente fueron muertos.

maining in the homeland of their creator Hant Hasóoma were forced to abandon the spiritual center of their universe for two disparaging coastal villages on the mainland, to try their hand at government-sanctioned commercial fishing. At the same time, a handful of American traders revitalized the comcáac's fragile economy by buying eloquent ironwood carvings of fish and other life-forms the comcáac associated with their spirit and natural world. But the boom did not last long. By 1973, savvy Mexicans realized they could produce "Genuine Seri Ironwood Carvings" faster and cheaper by using power tools. Coastal forests of ironwood trees were depleted to meet the burgeoning demand, and the only difference tourists recognized between the crude machine-cut pieces and the refined Seri art was the price. The comcáac turned back to the sea, but factory fishing boats had severely depleted the gulf, and the ancient fishermen were reduced to harvesting trash fish in waters that once swam with sixteen different kinds of sea turtles only they knew by name!

Travel the path of turn-of-the-century hunter and ecologist Charles Sheldon today, and on Tiburón Island you will find an eerily sterile Sonoran Desert sanctuary; the crests of the Sierra Kunkaak now teem with bands of exotic desert bighorn sheep first introduced in 1975; yet this lush and rugged Sonoran Desert isle remains starkly devoid of the native comcáac who completed its natural cycle. Search out the encircling seas, and they tell a similar story. Along with the sea turtle, the sea bass, the grouper, the cabrilla, and the snapper have also been fished out by mile-long drift nets, and both the endangered *vaquita* and *totoaba* have no place to run but the tenuously protected upper gulf waters of Mexico's newest biosphere reserve.

Nada de lo que hicieron los comcáac aplazó los asaltos implacables de sus enemigos. Para la década de 1920, una epidemia devastadora de sarampión había reducido aún más su población estragada a apenas 160. Los comcáac se encontraban frente a su extinción, pero ellos lucharon del borde de este formidable precipicio de cualquier manera en que podían. En el proceso, en dos breves décadas ellos progresaron de una sociedad primitiva de pescadores, cazadores y recolectores a lo que un antropólogo describió como "maestros de principios económicos (quienes) reconocen el valor de su origen étnico".

En 1965, el gobierno mexicano decretó la Isla Tiburón una reserva natural, y todos los comcáac que permanecían en el terruño de su creador Hant Hasóoma fueron obligados a abandonar el centro espiritual de su universo por dos denigrantes aldeas costeras en el continente, para tratar de tener éxito en la pesca comercial que estaba apoyada por el gobierno. Al mismo tiempo, un puñado de comerciantes norteamericanos revivificó la frágil economía de los comcáac comprando elocuentes obras de arte talladas del palo fierro que representaban peces y otras formas de vida que los comcáac asociaban con su mundo espiritual y natural. Pero la prosperidad fue repentina y no duró mucho tiempo. Para 1973, mexicanos sagaces se dieron cuenta de que ellos podían producir "Tallados Genuinos Seris de Palo Fierro" más rápido y más barato empleando herramientas eléctricas. Bosques costeros del palo fierro fueron agotados para satisfacer la creciente demanda, y la única diferencia que los turistas reconocían entre las toscas piezas hechas a máquina y el arte refinado de los seris era el precio. Los comcáac regresaron al mar, pero los barcos pesqueros industriales habían agotado el golfo y los pescadores antiguos se vieron sin otro recurso que recolectar peces

The same cannot be said for some 700 endangered comcáac now living in Sonora's hellish coastal desert. To protect themselves from their modern fate, the traditional comcáac can only look to the curing songs of shamans, like the late Coyote Iguana, for strength: "A thing came from the end of the world. There is happiness there, along the edge of the world. They are carriers of the flower of the noise of the land. The day of the dance has arrived to me." Unfortunately, these disappearing songs are the last "rays of power" the comcáac now have in their closing day.

de poco valor en aguas en que una vez nadaban dieciséis variedades distintas de tortugas marinas que solamente ellos conocían por nombre.

Viaje hoy el sendero de finales del siglo diecinueve del cazador y ecólogo Charles Sheldon, y en la Isla Tiburón usted verá un santuario misteriosamente estéril del Desierto Sonorense; las crestas de las cumbres del la Sierra Kunkaak ahora prosperan con manadas de exóticos carneros de cuernos grandes, primero introducidos en 1975; pero aún esta lozana y brava isla del Desierto Sonorense permanece severamente desprovista de los indígenas comcáac quienes completaban su ciclo natural. Busque en los mares circundantes, y ellos le dirán una historia similar. Además de las tortugas marinas, la lobina del mar, el mero, la cabrilla y el cazón también han sido recolectados por las redes flotantes que miden kilómetro y medio de largo, y la "vaquita" y la totoaba, al borde del exterminio, no tienen ningún otro sitio para huir que las tenuemente protegidas aguas del golfo superior de la reserva más reciente de México.

No se puede decir lo mismo para unos 700 comcáac al punto de la extinción quienes ahora viven en el infernal desierto costero de Sonora. Para protegerse de su destino moderno, los comcáac tradicionales ahora sólo pueden recurrir a los cantos curativos de los hechiceros, como lo hizo la desaparecida iguana coyote, para fortalecerse: "Una cosa vino de la orilla del mundo. Hay felicidad allí, a lo largo del borde del mundo. Ellos son los portadores de la flor del ruido de la tierra. El día del baile me ha llegado". Desafortunadamente, estas canciones que están desapareciendo son los últimos "rayos de poder" que los comcáac ahora tienen en sus días finales.

Growing within their ancestral land, the towering cardón cactus possesses supernatural powers for comcáac like the late Ojenio Morales; as much as any plant, it is representative of "their place" within the Sonoran Desert, what the comcáac know as iʔišitim.

Creciendo dentro de su tierra ancestral, el elevado cacto cardón posee poderes sobrenaturales para los comcáac como el fallecido Ojenio Morales; al igual que cualquier otra planta, es representativa de "su lugar" dentro del Desierto Sonorense, lo que los comcáac conocen como iʔišitim.

The haunting dreams of early American adventurers lured to "Shark Island" for its rumored gold are reflected in the tidal mudflats of Tiburón Island's brooding dawn.

Los sueños obsesionantes de los primeros aventureros norteamericanos atraídos a la Isla Tiburón por el rumor de oro están reflejados en las marismas durante el amanecer sombrío de la isla.

Daybreak washes across the 2,871-foot summit of the Sierra Kunkaak, the highest point on 750-square-mile Tiburón Island.

El alba se extiende a lo largo de la cumbre de la Sierra Kunkaak de 875 metros, el punto más elevado de la Isla Tiburón cuya área es de 1,200 kilómetros cuadrados.

Looking east from Tiburón Island, a flaming dawn ignites the swift-moving Canal del Infiernillo, "Channel of Little Hell," which separates the comcáac's ancestral island home from mainland Mexico.

Mirando hacia el este desde la Isla Tiburón, un amanecer llameante enciende el vigoroso Canal del Infiernillo, que separa la tierra ancestral isleña de los comcáac de México continental.

In her Desemboque dwelling, Aurelia Moreno sits with one of the finest Seri baskets ever made. Ironically, gifted basket makers like Aurelia may never marry, because most would-be suitors simply can't afford the steep dowry and lifelong postmarital obligations sought by traditional parents.

En su hogar en Desemboque, Aurelia Moreno está sentada con una de las mejores canastas jamás hecha por los seris. Irónicamente, es posible que las tejedoras talentosas como Aurelia nunca se casen porque la mayoría de los candidatos para pretendientes simplemente no pueden proporcionar las dotes elevadas y las obligaciones posmatrimoniales exigidas por los padres tradicionales.

The comcáac believe the palo blanco tree has supernatural powers, for it hears all that is said. One must use care when talking in its presence for his words will be repeated whenever the wind blows. One can only imagine the groans of the *buro*, ''mule deer,'' that lost its antler in the fork of this palo blanco—and when the winds will carry them.

Los comcáac creen que el palo blanco tiene poderes sobrenaturales, porque escucha todo lo dicho. Uno debe tener cuidado cuando habla en su presencia o sus palabras serán repetidas cuando quiera que sople el viento. Uno solamente puede imaginar los quejidos del buro, o venado mula, que perdió su cuerno en la horcadura de este palo blanco —y cuándo el viento los repetirá.

Young Mexican fishermen return empty-handed after trying their luck spearfishing the nearly depleted gulf waters in the northern limits of the comcáac's ancestral realm.

Jóvenes pescadores mexicanos regresan con las manos vacías después de probar su suerte pescando con lanzas en las casi agotadas aguas del golfo cerca de los límites septentrionales del reino ancestral de los comcáac.

Near the ancient Tiburón Island encampment of Zozni Cmiipla, modern comcáac fishermen inscribed stone calling cards at this eerie rendezvous point.

Cerca del antiguo campamento de Zozni Cmiipla en la Isla Tiburón, pescadores comcáac modernos inscribieron sus marcas personales en este misterioso sitio de reunión.

A driving force in the comcáac's once burgeoning ironwood-carving industry, trader and field ethnographer Jim Hills barters with the women of Punta Chueca during his formative trading days.

El propulsor de la una vez próspera industria comcáac de los tallados de palo fierro, el comerciante y etnógrafo Jim Hills regatea con las mujeres de Punta Chueca durante sus días formativos como comerciante.

At the southern limits of the Sea of Cortés, cliff diver Roberto Jaureguí Villegas soars boldly into the turbulent waters of Mazatlán near where conquistador Nuño de Guzmán founded "the place of the deer" in the early 1500s.

En los límites meridionales del Mar de Cortés, el zambullidor de acantilados Roberto Jaureguí Villegas se cierne audazmente sobre las aguas turbulentas de Mazatlán, cerca de donde el conquistador Nuño de Guzmán fundó "el lugar del venado" durante la primera parte del siglo dieciséis.

BAJA TO SONORA ~ BETWEEN THE DESERT AND THE SEA   91

The rugged summit crest of the Sierra San Pedro Mártir forms the
backbone of the eight-hundred-mile-long Baja Peninsula.

*La borrascosa cumbre de la Sierra San Pedro Mártir forma el espinazo de la
península de Baja California de 1,300 kilómetros de largo.*

A great blue heron takes flight in the northern waters of the Sea of Cortés,
part of Mexico's newest biosphere reserve.

*Una grandiosa garza real azul toma vuelo en las aguas septentrionales del
Mar de Cortés, parte de la más reciente reserva natural de México.*

The Frontier–
Our Common Ground

La Frontera–
Nuestra tierra común

IT WAS CROSSED IN THE east by the blood-soaked war trails of the Comanche, and it was traversed in the west by the lonely path of Padre Eusebio Francisco Kino. It was an awesome land linked by distant trails, where riprap river canyons joined wind-whipped seas of sand. Howling *lobos*, "wolves," ran wild in the pine-sweet sierra, and herds of *berrendo*, "pronghorn antelope," roamed freely across sun-scorched black bajadas. To the Native peoples who thrived here, it was a natural world of everything sacred, but to seventeenth-century Spaniards who barely survived their desperate *entradas*, "entries," it was an empty ground of all things harsh and brutal. They would curse it as a *despoblado*, "uninhabited land," but to those who remained it would always be *la frontera*, "the frontier."

The 1,952-mile-long U.S.-Mexico border connects a mesmerizing array of diverse landforms, from the lush coastal marshes of the Gulf of Mex-

ESTABA ATRAVESADO EN EL ESTE por los sangrientos senderos guerreros de los comanches, y fue recorrido en el oeste por el camino solitario del padre Eusebio Francisco Kino. Era una tierra imponente ligada por senderos distantes, donde cañones de ríos pedregosos se unieron a los mares de arena azotados por el viento. Lobos aulladores recorrían la sierra fragante de pinos, y manadas de berrendos, antílopes encuernados, vagaban libremente a través de las asoleadas bajadas negras. Para los indígenas quienes vivían aquí era un mundo natural de todo lo sagrado, pero para los españoles del siglo diecisiete quienes apenas sobrevivieron sus desesperadas entradas, era un suelo que contenía todo lo áspero y lo brutal. Lo maldicieron como un despoblado, pero para aquellos quienes permanecieron siempre sería la frontera.

La frontera entre los Estados Unidos y México de 3,141 kilómetros de longitud enlaza una serie hipnotizante de paisajes diversos, desde los lozanos

ico in the east to the granite horns of Devil's Peak in the Sierra San Pedro Mártir in the west. Between these distant extremes, the Rio Grande gouges the riverine chasms of Big Bend. It simultaneously divides and biologically links the Rocky Mountains to the north with the Sierra Madre Oriental to the south. Near its upstream confluence with the Río Conchos, that same river penetrates the heart of the Chihuahuan Desert, politically separating the dunes of Chihuahua's Bolsón de los Muertos, "Basin of the Dead," from the empty wastes of New Mexico's Jornada del Muerto, "Journey of the Dead Man."

Crossing the Sierra Madre Occidental to the west, the frontier is subdivided further by the lofty spine of the 10,000-foot-high Continental Divide, in whose tranquil foothills to the east lie the borderlands raided by Pancho Villa, and in whose hidden barrancas to the west stands the redoubt of Geronimo. In the inferno deserts even farther west, only a lonely string of barbed wire separates El Gran Desierto, the largest sand sea in North America, from Arizona's Sonoran Desert. Bordering this *despoblado* on the west, the saline waters of the lower Colorado River trickle south from America's most awesome canyon into Mexico's most alluring sea. Only the supernal ridges of Baja's Sierra San Pedro Mártir have the height to cast a twilight shadow over the magnificent and storied borderland below.

Among the myriad ghost bands of Native peoples who vanished within this despoblado, the Comanche were said to have been the most feared. Displaced from their ancestral land by a relentless tide of new settlers rolling west across Texas, the Comanche raided deep into Mexico. Their war trail became the border between Chihuahua and Coahuila about the time the last

pantanos costeros del Golfo de México en el este a los cuernos de granito del Picacho del Diablo en la Sierra San Pedro Mártir en el oeste. Entre estos extremos distantes, el Río Grande excava los abismos en la forma de los ríos de Big Bend. El Río Grande simultáneamente divide y biológicamente une las Montañas Rocosas al norte con la Sierra Madre Oriental al sur. Cerca de su confluencia corriente arriba con el Río Conchos, ese mismo río penetra el corazón del Desierto Chihuahuense, políticamente separando las dunas del Bolsón de los Muertos en Chihuahua de los yermos de la Jornada del Muerto en Nuevo México.

Cruzando la Sierra Madre Occidental hacia el oeste, la frontera está subdividida aún más por la cordillera elevada de la Divisoria Continental de 3,050 metros de altura, en cuyas faldas tranquilas del este yacen las zonas fronterizas invadidas por Pancho Villa, y en cuyas barrancas escondidas al oeste queda el reducto de Gerónimo. En los desiertos infernales aún más allá al oeste, sólo una hilera solitaria de alambres de espino separa el Gran Desierto, el mar de arena más grande de Norteamérica, del Desierto Sonorense de Arizona. Contiguo a este despoblado al oeste, las aguas salinas de la parte baja del Río Colorado se escurren hacia el sur del cañón más impresionante de los Estados Unidos para desembocar en el mar más atractivo de México. Solamente las crestas celestiales de la Sierra San Pedro Mártir de Baja California tienen la elevación necesaria para proyectar una sombra crepuscular sobre la magnífica y reconocida zona fronteriza que yace abajo.

Entre la miríada de grupos fantasmales de indígenas quienes desaparecieron dentro, se decía que los comanches habían sido los más temidos. Desalojados de su tierra ancestral por la implacable oleada de nuevos pobladores emigrando al oeste a

of these fearsome guerrilla fighters were hunted down in the canyons of Big Bend.

The same fate befell the Chiricahua Apache to the west. Relentlessly pursued by Apache scouts riding point for five thousand American troops—under the wink of the Mexican army—thirty-eight Chiricahua Apache fled south to the Sierra Madre Occidental. After repeatedly refusing to surrender, Chief Geronimo finally agreed to lay down his arms on September 3, 1886, only to later watch many of his brave kin die on a train bound for Fort Pickens, Florida.

Trespassed by both the Gila Trail and the merciless El Camino del Diablo, "The Road of the Devil," the ancestral land of the *tóhonoˀóˀodham*, "desert people," west of the Chiricahua Apache could not escape the march of Manifest Destiny. Those tóhonoˀóˀodham who didn't flee to Sonora after the Gadsden Purchase of 1853 were either stuck on southern Arizona's grim reservation lands and stripped of their cultural dignity, or faced ecological extinction like the *híac ˀed ˀóˀ odham*, "sand people," who lived in the harshest desert north of the Seri. And unfortunately, most of what is known about the lost tribes of Baja southwest of the ˀóˀodham is that the ñakipa, akwa'ala, kiliwa, and juigrepa died from disease wrought by "blackrobes," Spanish padres.

Bound by a holy trail of Jesuit missions, the encroaching frontier was protected by American forts and Spanish presidios. But nothing would stop the northern border of Mexico from rolling south. Controversial and oft-disputed, the blood-stained U.S.-Mexico border was finally determined with the signing of the Gadsden Purchase on December 30, 1853. For $10 million, Mexico sold thirty thou-

través de Tejas, los comanches atacaron en lo profundo de México. Su sendero guerrero llegó a ser la frontera entre Chihuahua y Coahuila alrededor del tiempo cuando el último de estos guerrilleros temibles fue perseguido y ejecutado en los cañones de Big Bend.

El mismo destino les aconteció a los apaches chiricahuas hacia el oeste. Implacablemente perseguidos por exploradores apaches cabalgando al frente de cinco mil tropas norteamericanas —bajo la aprobación tácita del ejército mexicano— treinta y ocho apaches chiricahuas huyeron hacia el sur a la Sierra Madre Occidental. Después de repetidos rehusos a la rendición, el cacique Gerónimo finalmente consintió a entregar sus armas el 3 de septiembre de 1886, sólo para ver a muchos de los valientes miembros de su tribu perecer más tarde en el viaje por ferrocarril a Fort Pickens, Florida.

Penetrada por el Camino Gila y el cruel Camino del Diablo, la tierra ancestral de los tóhonoˀóˀodham, los "habitantes del desierto", al oeste de los apaches chiricahuas no pudo escapar la marcha de la política del Destino Manifiesto. Aquellos tóhonoˀóˀodham quienes no huyeron a Sonora después de la Compra de Gadsden de 1853 quedaron atrapados en las sombrías reservas de indios en el sur de Arizona y fueron despojados de su dignidad cultural, o se encontraron frente a la extinción ecológica como los híac ˀed ˀóˀ odham, "la gente de la arena", quienes vivían en el desierto más severo al norte de los seris. Y, desafortunadamente, la mayoría de lo que se sabe acerca de las tribus perdidas de los ˀóˀodham, del suroeste de Baja California, es que los ñakipa, akwa'ala, kiliwa y juigrepa perecieron a causa de enfermedades desatadas por las "sotanas negras", los padres españoles.

sand square miles of its northern deserts to the United States. It was a one-sided transaction which many felt set the tone for the strained U.S.-Mexican relations that persist to this day. Those hard feelings were no more dramatically vented than in 1857 when the 93 men of the Crabb Filibustering Expedition were annihilated by locals in Caborca, Sonora. Only sixteen-year-old Charles Evans was allowed to live, in order to report that Mr. Crabb's head was being kept in an earthenware pickle jar should any other gringos think about pillaging Mexico in the future.

Since then, the U.S.-Mexico border has always been the line to cross, never to follow. Where moonshiners once smuggled wooden caskets of *sotol* north to quench the thirst of Prohibition-era Americans, narcotraficantes follow to meet the norteamericanos' heady need for white powder, black tar, and green leaf. On the fearsome desert trails to the west, campesinos surge north with burning visions of life in *El Norte,* while trainloads of American students head south with *cerveza*-fueled visions of spring break in *mañanaland.* Cutting across these disparate trails, central Mexican Indians crowd the boxcar and tar-paper shanty-towns mushrooming at the border's edge and drink toxic waters from arroyos ruined by American *maquiladoras.*

Fortunately, the border has a vibrant natural history. Travel the route of nineteenth-century boundary surveyors, and beyond the haunts of border towns and ghost paths of extinct Native peoples, you will see an incomparable natural world linking two countries. Fifty miles apart on opposite sides of the Rio Grande, the summits of the 8,200-foot Sierra del Carmen in Coahuila and the 7,825-foot Chisos Mountains in Texas' Big Bend country are biologically linked by seventy

Ligada por un camino sagrado de misiones jesuitas, la frontera restringente estaba protegida por fuertes norteamericanos y presidios españoles. Pero nada detendría la frontera septentrional de México de ser empujada aún más hacia el sur. Controversial y frecuentemente disputada, la frontera manchada de sangre entre los Estados Unidos y México finalmente fue definida con la firma de la Compra de Gadsden el 30 de diciembre de 1853. Por $10 millones, México vendió 48,280 kilómetros cuadrados de sus desiertos septentrionales a los Estados Unidos. Fue una transacción desigual que muchos creen que estableció el tono para las tensas relaciones entre los Estados Unidos y México que persisten aún en nuestros días. Esos rencores en ningún momento fueron más dramáticamente expresados que en 1857 cuando 93 hombres de la expedición filibustera de Crabb fueron aniquilados por los locales en Caborca, Sonora. Solamente a Charles Evans, de dieciséis años de edad, se le permitió vivir para que reportara que la cabeza del Sr. Crabb estaba siendo guardada en una olla de barro para adobar, por si acaso a otros gringos se les ocurriera pillar a México en el futuro.

Desde entonces, la frontera entre los Estados Unidos y México ha sido siempre una línea para cruzar, jamás para seguir. Donde los fabricantes de licor ilegal una vez cruzaban hacia el norte con toneles de sotol de contrabando para satisfacer la sed de los norteamericanos durante la era del Prohibicionismo, los narcotraficantes ahora cruzan para satisfacer el deseo embriagador del norteamericano por el polvo blanco, la "brea negra" y la hoja verde. Sobre los caminos temibles del desierto al oeste, los campesinos avanzan con visiones cadentes de la vida en El Norte, a la vez que ferrocarriles llenos de estudiantes universitarios norteamericanos se encaminan hacia el sur con visiones inspiradas por la cerveza de las vacaciones de primavera en la tierra del "mañana".

species of cacti guarding their lower flanks; by clusters of alligator juniper, Mexican piñon pine, and western yellow pine covering their upper ridges; and by raptors like zone-tailed hawks, peregrine falcons, and golden eagles that soar on thermals in between. The region has been studied as a possible transborder natural park since the idea was first proposed in 1935; if the Parque Nacional de La Gran Comba were to become a reality, its 2.2 million square miles would create one of the largest protected ecosystems in the world.

West of the Big Bend frontier, in the perplexing ruins of Paquimé, archaeologists discovered a great trade crossroads that flourished between A.D. 1000 and A.D. 1200. It linked the Toltec of Mesoamerica with the Pueblo of the upper Rio Grande. Fortunately, one man living in this sierran province rediscovered the Mogollón Chichimecan's lost process for making clay pots, and today their ancient art lives on through the genius of Juan Quezada in the dusty village of Juan Mata Ortiz, Chihuahua.

Far to the west of Paquimé, in the barrancas and ridges of the Sierra San Pedro Mártir, the borrego cimarrón, "wild sheep," has found its most rugged and protected refuge. Geologists say the sierra's highest point, 10,154-foot Picacho del Diablo (Peak of the Devil), has been linked to the 10,804-foot summit of California's Mount San Jacinto since the Cretaceous period 100 million years ago. Currently being studied as a transborder biosphere reserve, this great peninsular range is also home to the puma and the black-tailed deer which it stalks through stony canyons and cliff-hanging forests.

It was from the summit of Mount San Jacinto, the range's northern terminus, that American pioneer conservationist John Muir declared the view

Cruzando a través de estos caminos dispares, los indios del centro de México se amontonan en los vagones y en los barrios de chozas de papel y brea que aparecen de la noche a la mañana al borde de la frontera y los residentes beben de las aguas contaminadas de los arroyos que fueron arruinados por las maquiladoras norteamericanas.

Afortunadamente, la frontera tiene una vibrante historia natural. Viaje sobre la ruta del siglo diecinueve que fue recorrida por los topógrafos de la frontera, y más allá de los parajes de los pueblos fronterizos y de los senderos fantasmales de los indígenas extintos, y usted verá un incomparable mundo natural que aún vincula estos dos países. Ochenta kilómetros aparte en lados opuestos del Río Grande, las cumbres de la Sierra del Carmen de 2,500 metros en Coahuila y las Montañas de Chisos de 2,385 metros en el territorio de Big Bend en Texas están biológicamente ligadas por setenta especies de cactos que protegen sus costados más bajos; por grupos de enebros, de piñones mexicanos, y por el pino amarillo occidental que cubre sus sierras superiores; y por aves de rapiña como el halcón gerifalle, el halcón peregrino y las águilas reales que se ciernen en los aires cálidos de las montañas. La región ha sido estudiada como un posible parque transfronterizo desde que la idea fue propuesta por primera vez en 1935; si el Parque Nacional de la Gran Comba se convirtiera en una realidad, sus 3.5 millones de kilómetros cuadrados crearían uno de los más grandes sistemas ecológicos bajo protección del mundo.

Al oeste de la región de Big Bend, en las desconcertantes ruinas de Paquimé, los arqueólogos descubrieron un gran cruce de caminos comercial que prosperó entre los años 1000 y 1200 d.C., y unía a los toltecas de Mesoamérica con la gente de los Pueblos de la parte superior del Río Grande. Afortuna-

to be "the most sublime spectacle to be found anywhere on this earth"; if only Muir had climbed to the summit of Picacho del Diablo crowning the range's southern terminus, he would have discovered a view no less stunning, for sweeping away to the east-northeast is the heart of the Sonoran Desert. Once ruthlessly divided by the infamous El Camino del Diablo, this 4,100-square-mile domain north of the U.S.-Mexico border is jointly protected by Organ Pipe Cactus National Monument, Cabeza Prieta National Wildlife Refuge, and Luke Air Force Range; a modern despoblado, it encompasses much of the híac ?ed ?ó? odham's ancestral home and is one of the last refuges for the endangered Sonoran pronghorn.

In the blistering August winds blowing south of the ancient El Camino, Mexico took an environmental stand in its own desert frontier; in 1993, with the stroke of his pen, then president Carlos Salinas de Gortari declared the northern waters of the Sea of Cortés, the Pinacate Protected Zone's lunarscape of volcanoes and craters, and the encircling dunes of El Gran Desierto the country's largest biosphere reserve. In the process, the protected arid lands to the north were linked with those to the south, and two neighbors had at last rediscovered their common ground.

damente, un hombre que vive en esta provincia serrana redescubrió el proceso perdido de alfarería de los chichimecas de Mogollón, y hoy su antiguo arte perdura a través de la genialidad de Juan Quezada en la polvorienta aldea de Juan Mata Ortiz, Chihuahua.

Distante hacia el oeste de Paquimé, en las barrancas y las crestas de la Sierra San Pedro Mártir, el borrego cimarrón ha encontrado su más escabroso y protegido refugio. Geólogos nos dicen que el punto más alto de la sierra, el Picacho del Diablo de 3,095 metros, ha sido vinculado a la cumbre de la Montaña de San Jacinto en California, de 3,293 metros, desde el período cretáceo hace 100 millones de años. Actualmente siendo estudiada como una reserva natural transfronteriza, esta gran cordillera peninsular es también la morada del puma y del venado de cola negra que el puma caza a través de cañones pedregosos y bosques que crecen muy cerca de los riscos.

Fue desde esta cumbre de la Montaña de San Jacinto, el término septentrional de la cordillera, que el conservador de recursos naturales norteamericano John Muir declaró que la vista era "el espectáculo más sublime que puede ser encontrado en cualquier parte de este planeta"; si sólo Muir hubiera escalado la cumbre del Picacho del Diablo que corona el término meridional de la cordillera, él hubiera descubierto una vista no menos deslumbrante, ya que mirando hacia el este-noreste está el corazón del Desierto Sonorense. Una vez cruelmente dividido por el infame Camino del Diablo, el dominio de 6,600 kilómetros cuadrados al norte de la frontera entre los Estados Unidos y México está protegido conjuntamente por Organ Pipe National Monument, Cabeza Prieta National Wildlife Refuge y el Luke Air Force Range; un despoblado moderno, esto

The José and Ofelia Falcón family sit for a group portrait in front of their adobe dwelling in the frontier village of Boquillas del Carmen, Coahuila.

La familia de José y Ofelia Falcón se sienta para un retrato enfrente de su casa de adobe en la aldea fronteriza de Boquillas del Carmen, Coahuila.

abarca mucho del terruño ancestral de los hía𝑐 ꝑed ꝑóꝑ odham y es uno de los últimos refugios para el venado enastado sonorense que está en peligro de desaparecer.

En los vientos abrasadores de agosto que soplan al sur del antiguo Camino, México adoptó una postura proambiental en su propio desierto fronterizo; en 1993, de un plumazo, el entonces presidente Car-

los Salinas de Gortari declaró las aguas septentrionales del Mar de Cortés, el paisaje lunar de volcanes y cráteres de la Zona Protegida de Pinacate, y las dunas envolventes del Gran Desierto, la reserva natural más grande del país. En el proceso, las tierras áridas al norte fueron unidas con aquellas del sur. Y dos vecinos por fin habían redescubierto su tierra común.

On divided waters. Canoeists paddle through the canyons of Big Bend on the river known as the Rio Grande in the north and the Río Bravo del Norte in the south.

En aguas divididas. Piragüistas reman a través de los cañones de Big Bend en el río conocido como el Río Grande en el norte y el Río Bravo del Norte en el sur.

Looking south along the summit ridge of the Sierra del Carmen, this
spectacular range links the Sierra Madre Oriental of Mexico with the
Rocky Mountains of the United States.

*Mirando hacia el sur a lo largo de las alturas de la Sierra del Carmen,
esta cordillera espectacular une la Sierra Madre Oriental de México con
las Montañas Rocosas de los Estados Unidos.*

OVERLEAF: A great crossroads that once linked the Toltec of Mesoamerica
with the Pueblo of the upper Rio Grande, the ancient ruins of Paquimé in
the northern Sierra Madre Occidental are all that remain of this trade
center that flourished between A.D. 1000 and A.D. 1200.

*A LA VUELTA: Un gran cruce de caminos que una vez unió a los toltecas
de Mesoamérica con la gente de los Pueblos de la parte superior del
Río Grande, las antiguas ruinas de Paquimé en la parte septentrional
de la Sierra Madre Occidental son todo lo que permanece de este
centro comercial que prosperó entre los años 1000 a 1200 d.C.*

Like his sisters, Nicolás Quezada was taught and encouraged by his brother Juan to develop his own distinct style of pot making.

Al igual que sus hermanas, Nicolás Quezada fue instruido y alentado por su hermano Juan a desarrollar su propio estilo de alfarería.

Frequently compared to the great nineteenth-century Hopi potter Nampeyo, Juan Quezada rediscovered the ancient process the Mogollón Chichimecan people of Paquimé used to make clay pots. Today their tradition lives on through his artistic genius.

Frecuentemente comparado al gran alfarero hopi del siglo diecinueve, Nampeyo, Juan Quezada redescubrió el antiguo proceso que empleaban los chichimecas mogollones de Paquimé para producir ollas de arcilla. Hoy la tradición de ellos aún vive a través de su genialidad artística.

On its languid journey to the Sea of Cortés, the lower Colorado River
forms the natural border between Arizona and California and, south of
the U.S.-Mexico border, between Sonora and Baja California Norte.

*En este trayecto lánguido al Mar de Cortés, la parte inferior del Río
Colorado forma una frontera natural entre Arizona y California y, al sur
de la frontera entre los Estados Unidos y México, Sonora y Baja California
Norte.*

A beacon to seventeenth-century Spanish explorer Padre Eusebio
Francisco Kino, 7,734-foot Baboquívari Peak has long been sacred to the
tóhonoʔóʔodham who lived within sight of their god I'itoi's supernal
dwelling place.

*Un localizador geográfico del explorador español del siglo diecisiete, el
padre Eusebio Francisco Kino, el picacho de Baboquívari de 2,357 metros
por mucho tiempo ha sido sagrado para los tóhonoʔóʔodham, "la gente del
desierto", quienes vivían en vista de la morada celestial de su dios, I'itoi.*

A game of *canicas*, ''marbles,'' entertains a group of children on the dusty streets of Juan Mata Ortiz, Chihuahua.

Un partido de canicas divierte a un grupo de niños en las polvorientas calles de Juan Mata Ortiz, Chihuahua.

Like the ancient Hohokam who preceded them, the híac ʔed ʔóʔ odham used desert trails to travel through their vast ancestral lands from one distant water hole to the next.

Como los antiguos hohokam quienes los precedieron, los híac ʔed ʔóʔ odham usaban senderos desérticos para viajar a través de su vasta tierra ancestral de un charco distante al siguiente.

Photography Notes
Notas de fotografía

FROM THE BEGINNING it was a daunting thought: How do you photograph the wild ground of an entire country and the indigenous people who live there? You don't; with luck, you capture the essence of it—at that moment; because tomorrow it will wear a different mask. Fortunately, there were other photographers to look to for inspiration. Most memorable for me was Norwegian explorer and anthropologist Carl Lumholtz; he spent five years journeying throughout the Sierra Madre Occidental during the 1890s in order to see the Tarahumara, Tepehuán, Huichol, Cora, and Tarasco Indians in their native land. When pressed, he told thirty Tarascan he took their pictures because he wanted to show other people "how you look and how you are, and to hear about your old customs and your ancient history." Though, at the end of his adventure, Lumholtz admitted he had to protect his "dog from the Indians, the Indians from the Mexicans, and the Mexicans from the Americans." Yet the images he made are the best record we now have of Mexico's Native people in the untrammeled Sierra Madre Occidental.

Swiss photojournalist Gertrude Blom did the same for the Native people of Chiapas; she went there in 1940 and ended up staying a lifetime in order to document the plight of the Lacandón and the destruction of their magnificent rain forest. Fortunately, the compelling images of both Blom and Lumholtz endure in the face of the destruction of the Selva Lacandona and the narcotrafi-

DESDE EL COMIENZO, fue un pensamiento amedrentador: ¿Cómo puede uno fotografiar la tierra salvaje de un país entero y los pueblos indígenas quienes la habitan? Uno no lo hace; con suerte, uno captura la esencia de ese momento; porque mañana todo se pondrá una máscara diferente. Afortunadamente, hubieron otros fotógrafos quienes me sirvieron de inspiración. Para mí, el más memorable fue el explorador y antropólogo noruego Carl Lumholtz; él pasó cinco años viajando a lo largo de la Sierra Madre Occidental durante la década de 1890 para observar a los tarahumaras, los tepehuanes, los huicholes, los coras y los tarascos en su tierra natal. Al ser presionado, él les comentó a treinta tarascos que él tomaba sus retratos porque él quería mostrarle a otra gente "cómo se ven ustedes y cómo ustedes son, y para que ellos aprendan acerca de sus costumbres viejas y su historia antigua". Pero al final de su aventura, Lumholtz confesó que él tuvo que proteger su "perro de los indios, a los indios de los mexicanos, y a los mexicanos de los norteamericanos". Aún así, las imágenes que él produjo son la mejor documentación que ahora poseemos de la gente indígena de México, en la Sierra Madre Occidental antes de que fuera estorbada.

La fotoperiodista suiza Gertrude Blom hizo lo mismo para los indígenas de Chiapas; ella viajó allí en 1940 y permaneció toda una vida para documentar el estado lamentable de los lacandones y la destrucción de sus magníficos bosques tropicales. Afortunadamente, las convincentes imágenes de Blom y Lumholtz perduran ante la destrucción de la

cantes who now wantonly intimidate and murder Tarahumara and Tepehuán Indians. So do the remarkable photographs of Agustín Victor Casasola; he covered the revolutions of Pancho Villa and Emiliano Zapata, among many historic Mexican events, producing intimate portraits and graphic images that show a side of Mexico most foreigners would never know existed without his lifelong work.

These and other photographers noted in the accompanying bibliography were inspiring enough examples for me to resume my photographic quest. Only this time, I was faced with a nearly nonstop, three-month-long driving odyssey that would take me from Arizona to Quintana Roo and back just to photograph the first half of this book. (Much of the second half was shot over a more contemplative three-year period.)

Once back in Mexico, though, it was difficult for me to leave, because most everywhere I went, people helped me and expected nothing in return. Among them was Indian trader Jim Hills, who first took me to visit the Seri a decade ago; they knew him as *Santiago Loc,* "Crazy Jim." Unknowingly to Santiago, he became my mentor. I could not have made the pictures of the Seri who appear in this book if Santiago had not first shown me the way, because if there is an indigenous people least disposed to being photographed, it is the Seri. Nor could I have walked unannounced into a Maya, Lacandón, or Tarahumara village without always wondering, "How would Santiago do this?" He would "hang out," as he liked to call it, get to know the people, and treat them the way he liked to be treated—with kindness, curiosity, and respect. His lessons never failed me.

In Irapuato, Guanajuato, photographer Julio Reza-Díaz had his staff at Foto Imagen literally

Selva Lacandona y ante los narcotraficantes quienes hoy desenfrenadamente intimidan y asesinan a los indios tarahumaras y tepehuanes. También perduran las notables fotografías de Agustín Victor Casasola; él escribió reportajes sobre las revoluciones de Pancho Villa y Emiliano Zapata, entre muchos acontecimientos históricos mexicanos, produciendo retratos íntimos e imágenes gráficas que muestran un aspecto de México que la mayoría de los extranjeros jamás conocerían sin el trabajo de su vida.

Estos y otros fotógrafos anotados en la bibliografía eran ejemplos suficientemente inspiradores para que yo reanudara mi búsqueda fotográfica. Pero esta vez me enfrenté con una odisea por automóvil, sin descanso, de tres meses de duración, que me llevaría desde Arizona hasta Quintana Roo y de regreso solamente para fotografiar la primera mitad de este libro. (La mayor parte de la segunda mitad fue fotografiada durante un período más contemplativo de tres años.)

Sin embargo, una vez de regreso en México, fue difícil para mí abandonarlo porque en casi todas las partes que visité, la gente me ayudó sin esperar recompensa alguna. Entre ellos se encuentra el comerciante de productos indígenas, Jim Hills, quien me llevó por vez primera a visitar a los seris hace ya una década; ellos lo conocían por el apodo de San-tiago Loc, "el loco Jim". Sin saberlo, Santiago se convirtió en mi mentor. Yo no hubiera podido tomar los retratos de los seris quienes aparecen en este libro si Santiago primero no me mostrara el camino; porque si existe un pueblo indígena menos dispuesto a ser fotografiados, son los seris. Tampoco podía yo entrar sin invitación en una aldea maya, lacandona o tarahumara sin siempre preguntarme, "¿Cómo haría esto Santiago?" Él permanecería entre la gente por un tiempo para conocerlos mejor, y los trataría de la manera en que a él le gustaba ser

working day and night to process my film so I could see what holes needed to be filled before returning to the United States. I would not have met my imposing deadline without his help and friendship. José Gerardo Santiago at Na-Balom in San Cristóbal de las Casas took me to the Tzotzil Indian village of San Juan Chamula to meet h'ilol Salvador Lunes Collazo. The images of the Tzotzils I returned with could not have been made without José's help and insight. Nor would I have realized my dream of seeing this book published bilingually without my prescient-minded editor, Jim Cohee, and the dedication of my distant compadre and translator, Silvio Sirias.

German world travelers Stefan Stoll and Renate Warmuth journeyed with me into the remote Selva Lacandona, thereby providing comfort for my wife who had her own fears about traveling in her country. I could not have run an impromptu jungle roadblock, manned by desperate refugees, without Stefan's and Renate's quick reactions. Knock on wood, it's been my only close call in 25,000 miles of traveling throughout Mexico by plane, train, bus, pickup, *panga* (small boat), sea kayak, horse, and foot.

But those were relatively peaceful times. The North American Free Trade Agreement had not yet been passed. The plaza in San Cristóbal de las Casas had not yet been stormed by the Zapatista Army of National Liberation. The Tzotzil's most sacred mountain, Cerro Tzontehuitz, had not yet been bombed by the Mexican army in retaliation. And reports had not yet surfaced that the Mexican "army's counterattack could discredit the government." According to the January 17, 1994, issue of

tratado — con bondad, curiosidad y respeto. Las lecciones que aprendí de él nunca me fallaron.

En Irapuato, Guanajuato, el fotógrafo Julio Reza-Díaz tenía a su personal en Foto Imagen, literalmente trabajando día y noche para procesar mi film, para que yo pudiera verificar cuales eran los huecos que tenían que ser rellenados antes de regresar a los Estados Unidos. Yo no hubiera podido terminar mi proyecto antes de la fecha señalada por la casa editorial sin su ayuda y su amistad. José Gerardo Santiago de Na-Balom en San Cristóbal de las Casas me llevó a la aldea tzotzil de San Juan Chamula para conocer al h'ilol Salvador Lunes Collazo. Las imágenes de los tzotziles con las cuales regresé no se hubieran podido lograr sin la ayuda y la perspicacia de José. Tampoco hubiera yo logrado mi sueño de ver este libro publicado en forma bilingüe sin mi presciente editor, Jim Cohee, y la dedicación de mi lejano compadre y traductor, Silvio Sirias.

Los alemanes Stefan Stoll y Renate Warmuth viajaron conmigo dentro de la remota Selva Lacandona, de ese modo proveyendo consuelo para mi esposa quien tenía sus propios temores acerca de viajar en su propio país. Yo no hubiera podido burlar una barricada improvisada, guarnecido por refugiados desesperados, sin las reacciones rápidas de Stefan y Renate. Tocando madera, ésta ha sido la única ocasión en que me escapé por un pelo durante los 40,230 kilómetros recorridos a lo largo de México por avión, ferrocarril, autobús, camioneta, panga, kayac de mar y también a caballo y a pie.

Pero esos eran días de relativa tranquilidad. El Tratado de Libre Comercio Norteamericano aún no había sido aprobado. La plaza de San Cristóbal de las Casas no había sido tomada por asalto por el

Newsweek, "Some of the rebel dead in Ocosingo appeared to have been executed; correspondents witnessed army planes firing at a group of Indian women and girls, barely missing them." One hundred and forty-five people were killed during the ensuing bloodbath.

Today, rural and wild Mexico wears a different face. Beyond the first glimpses of mountain, jungle, and desert paradise, you will see the abject poverty that has always divided Mexico's rural poor and indigenous peoples from its elite upper class. How quickly modern Mexico closes this gap and ends its blatant human rights abuses reported by Mexican, Canadian, and American human rights groups will determine whether the new Zapatista uprising is an isolated incident or whether the entire country will erupt in chaos and revolution. It is an outcome the world will be watching.

But only weeks before the tragic assassination of the PRI presidential candidate, Luis Donaldo Colosio Murrieta, reports began filtering back across the border that native peoples of Sonora and Chihuahua had begun arming themselves as a result of what they claimed was INI's (Instituto Nacional Indigenista) failure to protect their threatened ancestral lands from squatters and land barons. Those sentiments were echoed weeks later when 50,000 "rebel sympathizers" marched through Mexico City on the 75th anniversary of the death of revolutionary Emiliano Zapata, chanting, "If there is no solution, there will be revolution." The world will be watching to see the outcome.

For a photographer, few other countries offer the visual temptations of Mexico. Its geography is as spectacular as any found in the continental United States. But Mexico stands apart in that fifty-four of its indigenous tribes, while threatened, still

Ejército Zapatista de Liberación Nacional. La montaña más sagrada de los tzotziles, el Cerro Tzontehuitz, aún no había sido bombardeada por el ejército mexicano en represalia. Y los reportes que los "contraataques del ejército podían desprestigiar al gobierno mexicano" aún no habían aparecido. Según la edición de Newsweek fechada el 17 de enero de 1994, "Algunos de los rebeldes muertos en Ocosingo aparentemente fueron ejecutados; corresponsales presenciarion aviones del ejército disparándole a un grupo de mujeres y niñas indígenas apenas errando el blanco". Ciento cuarenta y cinco personas fueron muertas durante este período sangriento.

Hoy, el México rural y salvaje luce un rostro diferente. Más allá de los primeros vislumbres de un paraíso compuesto de montañas, selvas y desiertos, usted verá una miseria mayor que siempre ha separado a los pobres campesinos y a la gente indígena de la minoría selecta de la clase alta mexicana. La rapidez con la cual México moderno cierre este golfo y termine su agresivo abuso de los derechos humanos, reportados por grupos humanitarios mexicanos, canadienses y norteamericanos, determinará si la nueva insurrección zapatista es un incidente aislado o si el país entero explotará en caos y revolución. Es un resultado del cual el mundo estará pendiente.

Pero solamente unas semanas antes del trágico asesinato del candidato presidencial del PRI, Luis Donaldo Colosio Murrieta, reportes empezaron a filtrar a través de la frontera que los indígenas de Sonora y Chihuahua habían empezado a armarse por lo que ellos reclamaban que era el fracaso del INI (Instituto Nacional Indigenista) de proteger sus amenazadas tierras ancestrales de usurpadores y terratenientes. Esos sentimientos fueron repetidos semanas después cuando 50,000 "simpatizantes de los rebeldes" marcharon por la Ciudad de México en

inhabit parts of their wild ancestral ground. The same cannot usually be said for our own country. Spend a week with the Tarahumara in the Barranca del Cobre region, and you will wonder why, apart from the Havasupai, the Grand Canyon is devoid of its Native peoples. Or venture into the Selva Lacandona, and you may wonder why the Miccosukee Seminole Indians are no longer permitted to live in the *Pa-hay-okee*, "the grassy river" of Florida's Everglades National Park. Mexico is a mirror for all of us. Peer into it, and it will change the way you think, and change the way you see. Short of coming back with a set of pictures to prove it, a photographer could hope for nothing better.

TECHNICAL NOTES: Reporters and stringers I've worked with in the past used to ask me, "Where's your equipment?" I like to keep things simple — and easily transportable. So, unless I'm climbing, paddling, or trekking into a distant area, I carry everything in a single shoulder bag. I generally work with two motor-driven Nikon FM-2's, because I've come to rely on their lightweight durability and superb metering system. They're also the cheapest Nikon to replace when I break one. Remote conditions notwithstanding, getting the picture has always been more important to me than keeping my equipment in archival condition, and it has taken its toll. I carry a third camera body as backup and a fourth hidden in my pickup truck. (An open pickup is the only vehicle to drive through rural Mexico; everybody from entire families to units of State Judicial Police to local indigenous groups needs a ride, and there's no better way to take the pulse of a region than by befriending the locals.) I use a variety of Nikkor lenses, but rely mainly on 28mm f2.8, 55mm f2.8, 105mm f2.5, 180mm f2.5 ED, and, when I can lay my hands on one, a 300mm f2.5 ED. I prefer existing

el aniversario 75 de la muerte del revolucionario Emiliano Zapata, proclamando, "Si no hay solución, habrá revolución". Es un resultado que el mundo estará observando.

Para un fotógrafo, pocos otros países ofrecen las tentaciones visuales de México. Su geografía es tan espectacular como cualquiera que se encuentra en los Estados Unidos continental. Pero México se destaca en que cincuenta y cuatro de sus tribus indígenas, a pesar de estar amenazadas, aún habitan partes de su salvaje tierra ancestral. Lo mismo no se puede decir usualmente de nuestro país. Pase una semana con los tarahumaras en la región de la Barranca del Cobre, y usted se preguntará por qué, fuera de los havasupai, el Gran Cañón está desprovisto de su gente nativa. Atrévase a penetrar dentro de la Selva Lacandona y usted quizás se preguntará por qué a los indios seminoles miccosukees no se les permite vivir en el *Pa-hay-okee*, "el río herboso" del Parque Nacional de los Everglades de Florida. México es un espejo para todos nosotros. Mire dentro de él y cambiará el modo en que usted piensa, y cambiará el modo en que usted ve las cosas. A no ser de regresar con una colección de retratos como prueba de ello, un fotógrafo no podría esperar nada mejor.

NOTAS TÉCNICAS: *Reporteros y corresponsales con quienes he trabajado en el pasado me preguntaban, "¿Dónde está tu equipo?" Me gusta mantener las cosas sencillas — y fácilmente transportables. Por lo tanto, a menos de que yo esté escalando, remando o caminando a una región distante, yo cargo todo en una sola bolsa que llevo al hombro. Generalmente, yo trabajo con dos Nikon FM-2's motorizadas porque yo he llegado a confiar en su durabilidad a pesar de su escaso peso y en su magnífico sistema de medidas. También son las Nikones las más baratas de reponer cuando quiebro una. A pesar de las*

light, which I sometimes mix with fill from a Nikon SB-16 or Vivitar 285 flash or support with a small Gitzo tripod.

The first half of this book was shot with Fuji 50 and Fuji 100, primarily because most photo labs in Mexico are only equipped for E-6 processing. To further ensure that I would not lose my film once it was processed and edited, I shipped my backups out of the country via *Estafeta* (Federal Express), and personally carried the primes back across the border. The second half of this book was shot using both Fuji and Kodachrome 64 and 200.

condiciones remotas, tomar el retrato siempre ha sido más importante para mí que mantener mi equipo en excelentes condiciones, y esto ha tenido su efecto. Yo llevo una tercera cámara de reserva y una cuarta cámara escondida en mi camioneta. (Una camioneta abierta es el único vehículo para manejar a través de México rural; todo el mundo —familias enteras, unidades de la Policía Judicial estatal, y grupos de indios locales—necesita transportación, y no hay manera mejor de tomar el pulso de una región que establecer una amistad con los locales.) Yo empleo una variedad de lentes Nikkor, pero confío principalmente en un 28mm 2.8, un 55mm 2.8, un 105mm 2.5, un 180mm 2.5 ED, y, cuando puedo obtenerlo, un 300mm 2.5 ED. Yo prefiero la iluminación natural, la cual a veces mezclo con la luz de un flash SB-16 Nikon o Vivitar 285 o me sirve de apoyo un pequeño trípode Gitzo.

La primera mitad de este libro fue tomada con Fuji 50 y Fuji 100, primordialmente porque la mayoría de los laboratorios fotográficos de México están solamente equipados para el procesamiento E-6. Para garantizar aún más que yo no perdería mi film una vez que fuera procesado y editado, yo envié mis reservas fuera del país vía Estafeta, y personalmente llevé las originales de regreso a través de la frontera. La segunda mitad de este libro fue tomada empleando Fuji y Kodachrome 64 y 200.

Photographic Bibliography
Bibliografía fotográfica

Abbas (with introduction by Carlos Fuentes). *Return to Mexico: Journeys Beyond the Mask.* New York and London: W. W. Norton & Company, 1992.

Abbas. *Retornos a Dapan.* Colección Río de Luz. México, D.F.: Fondo de Cultura Económica, 1986.

Allard, William Albert (with introduction by Sean Callahan and essays by Erla Zwingle and Russell Hart). *The Photographic Essay.* Boston, Toronto, and London: A Bulfinch Press Book/Little, Brown & Company, 1989.

Allard, William Albert (with foreword by Thomas McGuane). *Vanishing Breed: Photographs of the Cowboy and the West.* Boston: A New York Graphic Society Book/Little, Brown & Company, 1982.

Annerino, John. *Canyons of the Southwest: A Tour of the Great Canyon Country from Colorado to Northern Mexico.* San Francisco: Sierra Club Books, 1993.

Annerino, John. *High Risk Photography: The Adventure Behind the Image.* Helena, Montana: American & World Geographic Publishing, 1991.

Annerino, John. *Path of Fire: Through America's Killing Ground/Camino de Fuego: A través de lo que el terreno mata.* Color photographs and maps, unpublished collection from Sinaloa, Sonora, and Arizona.

Annerino, John. *Thundering Hooves: Images and Traditions of Los Charros—North America's First Cowboys.* Color photographs, unpublished collection from Guanajuato and Arizona.

Bartelli, Don (with reporting by Alan Weisman). "The Drug Lords vs. the Tarahumara." *Los Angeles Times Magazine,* January 9, 1994.

Bernal, Louis Carlos (with text by Patricia Preciado Martin). *Images and Conversations: Mexican Americans Recall a Southwestern Past.* Tucson: University of Arizona Press, 1983.

Blom, Gertrude (with text by Alex Harris and Margaret Sartor). *Gertrude Blom: Bearing Witness.* Chapel Hill: University of North Carolina Press, 1991.

Bones, Jim. *Rio Grande: Mountains to the Sea.* Austin: Texas Monthly Press, 1985.

Bravo, Manuel Álvarez. *Manuel Álvarez Bravo: 303 Photographies, 1920–1986: 8 Octobre–10 Decembre 1986, Musée d'Art Moderne de la Ville de Paris, Mois de la Photo 1986.* Paris: Paris-Musées/Paris Audiovisuel, 1986.

Brehme, Hugo. *México Pintoresco.* México, D.F.: Fotografía Artística Hugo Brehme, 1923.

Bridges, Marilyn (with preface by Haven O'More and essays by Charles Gallenkamp and others). *Markings: Aerial Views of Sacred Landscapes.* New York: Aperture, 1986.

Brown, Dean, David Cavagnaro, Ernst Haas, and Wolf Von Dem Bussche (with text by Edward Abbey). *Cactus Country.* Alexandria, Virginia: Time-Life Books, 1973.

Budnick, Dan (with text by Donald Dale Jackson and Peter Wood). *The Sierra Madre.* Alexandria, Virginia: Time-Life Books, 1975.

Burckhalter, David L. (with introductory essay by Edward H. Spicer). *The Seris.* Tucson: University of Arizona Press, 1976.

Calderwood, Michael (with text by the author and Gabriel Breña, and introduction by Carlos Fuentes). *Mexico: A Higher Vision.* La Jolla, California: Alti Publishing, 1990.

Cancian, Frank. *Another Place: Photographs of a Maya Community.* San Francisco: Scrimshaw Press, 1974.

Casasola, Agustín Victor, and others (with introduction by Dr. Enrique Florescano and essays by Flora Lara Klahr and David Elliott). *¡Tierra y Libertad! Photographs of Mexico 1900–1935, from the Casasola Archive.* Oxford, England: Museum of Modern Art, 1985.

Charnay, Désiré (with text by Keith F. Davis). *Désiré Charnay, Expeditionary Photographer.* Albuquerque: University of New Mexico Press, 1981.

Duby [Blom], Gertrude. *Chiapas Indígena.* México, D.F.: Universidad Nacional de México, 1961.

Dykinga, Jack (with introduction by Paul S. Martin and text by Charles Bowden). *The Secret Forest.* Albuquerque: University of New Mexico Press, 1993.

Edmunds, Tom Owen (with introduction by Carlos Fuentes). *México: Feast and Ferment.* London: Hamish Hamilton, 1992.

Fly, Camillus Sidney. "C.S. Fly: Pioneer Photojournalist" (with text by Thomas Vaughan), and "C.S. Fly at Cañón de los Embudos: American Indians as Enemy in the Field, A Photographic First" (with text by Jay Van Orden). *The Journal of Arizona History,* Volume 30, Number 3, Autumn 1989. (Photographs first published in *Harper's Weekly,* April 24, 1886.)

Foxx, Jeffrey J. (with text by Walter F. Morris, Jr.). *Living Maya.* New York: Henry N. Abrams, 1987.

Francisco, Timothy (with essays by Patricia Weaver Francisco). *Village Without Mirrors.* Minneapolis, Minnesota: Milkweed Editions, 1989.

Gaede, Marc, and Marnie Gaede, eds. "The Sierra Pinacate" (with text by Julian Hayden), in *Camera, Spade, and Pen: An Inside View of Southwestern Archaeology.* Tucson: University of Arizona Press, 1980.

Garduño, Flor (with introduction by Carlos Fuentes). *Witnesses of Our Time.* New York: Thames & Hudson, 1992.

Gentile, William Frank (with introduction by William M. LeoGrande). *Nicaragua.* New York and London: W. W. Norton & Company, 1989.

Greenleigh, John (with text by Rosalind Rosoff Beimler). *The Days of the Dead/Los Días de los Muertos: Mexico's Festival of Communication with the Departed/Un Festival de Comunión con los Muertos en México.* San Francisco: Collins Publishers/San Francisco, 1991.

Hall, Douglas Kent. *The Border: Life on the Line.* New York: Abbeville Press, 1988.

Hills, R. James. *Lifeways of the Seri.* Color and black & white photographs, unpublished collection from Sonora.

Keith, Christine. *Native Portraits: In Color and Black & White.* Unpublished collection from Guatemala, Mexico, Baja, Arizona, and Thailand.

Kufeld, Adam (with introduction by Arnoldo Ramos and poetry by Manlio Argueta). *El Salvador.* New York and London: W. W. Norton & Company, 1990.

Lockwood, C. C. *The Yucatan Peninsula.* Baton Rouge: Louisiana State University Press, 1989.

Lumholtz, Carl. *Los Indios del Noroeste, 1890–1898.* México, D.F.: INI-FONOPAS, 1982.

Lumholtz, Carl. *Unknown Mexico: A Record of Five Years' Exploration Among the Tribes of the Western Sierra Madre; in the Tierra Caliente of Tepic and Jalisco; and Among the Tarascos of Michoacán,* Volumes I & II. New York: Charles Scribner's Sons, 1902.

Maisel, Jay (with text by William Weber Johnson). *Baja California.* New York: Time-Life Books, 1972.

Meiselas, Susan (edited with Claire Rosenberg). *Nicaragua: June 1978–July 1979.* New York: Pantheon Books, 1981.

Mobley, George F. "Las Sierras, Los Volcanes," in *America's Magnificent Mountains.* Washington, D.C.: National Geographic Society, 1980.

Moore, Terrence (with text by Doug Peacock). *¡Baja!* Boston: Bulfinch Press, 1991.

Müller, Karl, and others (with text by the author and Guillermo García-Oropeza). *Mexico.* Singapore: Insight Guides/APA Publications (HK), 1989.

Naggar, Carole, and Fred Ritchin, eds. *Mexico: Visto por Ojos Extranjeros/Through Foreign Eyes, 1850–1990.* New York and London: W. W. Norton & Company, 1993.

Rentmeester, Co (with text by Don Moser). *Central American Jungles.* New York: Time-Life Books, 1975.

Reza-Díaz, Julio. *El Corazón de México.* Color and black & white photographs, unpublished collection from the Bajío.

Running, John (with foreword by Jay Maisel). *Pictures for Solomon.* Flagstaff, Arizona: Northland Press, 1990.

Running, John (with foreword by William Albert Allard). *Honor Dance: Native American Photographs.* Reno: University of Nevada Press, 1985.

Running, John (with text by Martin Melkonian and citations from Antonin Artaud's "Les Tarahumaras"). *Portraits d'Indiens Tarahumara.* Paris: Double Page, 1983 (No. 23).

Salgado, Sebastião (with essays by Eduardo Galeano and Fred Ritchin). *An Uncertain Grace.* New York: Aperture Foundation, 1990.

Salgado, Sebastião (with introduction by Alan Riding). *Other Americas.* New York: Pantheon Books, 1986.

Sheldon, Charles (with original journals by the author and introductory essays and epilogue by Neil B. Carmony and David E. Brown, eds.). *The Wilderness of the*

Southwest: Charles Sheldon's Quest for Desert Bighorn Sheep and Adventures with the Havasupai and Seri Indians. Salt Lake City: University of Utah Press, 1993.

Simón, Jean-Marie. *Guatemala: Eternal Spring, Eternal Tyranny.* New York and London: W. W. Norton & Company, 1987.

Smithers, Wilfred Dudley (with foreword by Kenneth B. Ragsdale). *Chronicles of the Big Bend: A Photographic Memoir of Life on the Border.* Austin, Texas: Madrona Press, 1976.

Sorce, Wayne, and Julio César González (with reporting by Linda Gómez). "Harvest of Death." *Life* magazine, March, 1988.

Verplancken, S. J., Fr. Luis G. (with original text by Wendell C. Bennett and Robert M. Zingg, and a new introduction by Thomas B. Hinton). *The Tarahumara: An Indian Tribe of Northern Mexico.* Glorieta, New Mexico: Rio Grande Press, 1976. (Originally published in Chicago: The University of Chicago Press, 1935.)